AUTODISCIPLINA

Autoconfianza, fuerza de voluntad y desarrollar mentalidades poderosas

(Métodos prácticos para pensar de manera guía para principiantes)

Sergei Leal

Publicado Por Jason Thawne

© **Sergei Leal**

Todos los derechos reservados

Autodisciplina: Autoconfianza, fuerza de voluntad y desarrollar mentalidades poderosas (Métodos prácticos para pensar de manera guía para principiantes)

ISBN 978-1-989891-12-4

Este documento está orientado a proporcionar información exacta y confiable con respecto al tema y asunto que trata. La publicación se vende con la idea de que el editor no esté obligado a prestar contabilidad, permitida oficialmente, u otros servicios cualificados. Si se necesita asesoramiento, legal o profesional, debería solicitar a una persona con experiencia en la profesión.

Desde una Declaración de Principios aceptada y aprobada tanto por un comité de la American Bar Association (el Colegio de Abogados de Estados Unidos) como por un comité de editores y asociaciones.

No se permite la reproducción, duplicado o transmisión de cualquier parte de este documento en cualquier medio electrónico o formato impreso. Se prohíbe de forma estricta la grabación de esta publicación así como tampoco se permite cualquier almacenamiento de este documento sin permiso escrito del editor. Todos los derechos reservados.

Se establece que la información que contiene este documento es veraz y coherente, ya que cualquier responsabilidad, en términos de falta de atención o de otro tipo, por el uso o abuso de cualquier política, proceso o dirección contenida en este documento será responsabilidad exclusiva y absoluta del lector receptor. Bajo ninguna circunstancia se hará responsable o culpable de forma legal al editor por cualquier reparación, daños o pérdida monetaria debido a la información aquí contenida, ya sea de forma directa o indirectamente.

Los respectivos autores son propietarios de todos los derechos de autor que no están en posesión del editor.

La información aquí contenida se ofrece únicamente con fines informativos y, como tal, es universal. La presentación de la información se realiza sin contrato ni ningún tipo de garantía.

Las marcas registradas utilizadas son sin ningún tipo de consentimiento y la publicación de la marca registrada es sin el permiso o respaldo del propietario de esta. Todas las marcas registradas y demás marcas incluidas en este libro son solo para fines de aclaración y son propiedad de los mismos propietarios, no están afiliadas a este documento.

TABLA DE CONTENIDO

PARTE 1 1

INTRODUCCIÓN 2

CAPÍTULO 1: CREA UNA IMAGEN POSITIVA DE TÍ MISMO.. 5

- ESTRATEGIA 1: DESPIÉRTATE CON ALGO QUE TE GUSTA 6
- ESTRATEGIA 2: ERES UNA PERSONA HERMOSA TAL COMO ERES 8
- ESTRATEGIA 3: ENFATIZA TUS CUALIDADES POSITIVAS 11
- ESTRATEGIA 4: SÉ AMABLE 12
- ESTRATEGIA 5: EJERCÍTATE 14
- ESTRATEGIA 6: SONRÍE 16

CAPÍTULO 2: EL ABECÉ DE LA AUTODISCIPLINA 18

CAPÍTULO 3: LOS SECRETOS PARA EL ÉXITO 24

- TOMA UNA DECISIÓN QUE ACEPTES APASIONADAMENTE 24
- HACERLO O NO HACERLO 25
- VARIACIÓN (ANTI-ABURRIMIENTO) 27
- TOMA UN DESCANSO 28
- CALIFICA TU PROGRESO 29

CAPÍTULO 4: MÉTODOS FACTIBLES PARA AUTOENTRENARTE AUTODISCIPLINA 31

- DESARROLLO PERSONAL 31
- *Ejercicios diarios prácticos:* *32*
- *Ejercicios diarios prácticos* *35*
- SEGUIR UNA DIETA SALUDABLE 37
- *Ejercicios diarios prácticos* *40*
- ABRIR TU PROPIO NEGOCIO 43
- *Ejercicios diarios prácticos* *45*
- *Ejercicios diarios prácticos* *49*
- ADMINISTRACIÓN DEL TIEMPO 51
- *Ejercicios diarios prácticos* *54*
- SER FELIZ 55

Ejercicios diarios prácticos.... *56*
MATRIMONIO Y RELACIONES... 58
Ejercicios diarios prácticos.... *59*
ELIMINAR EL ENFADO 61
Ejercicios diarios prácticos.... *62*

CAPÍTULO 5: TUS PEORES ENEMIGOS 64

PRECIPITARSE A LOS RESULTADOS 67
DEMORAR TUS TAREAS 68

CAPÍTULO 6: CONSEJOS Y TRUCOS...................................... 70

EJERCICIO 1: INTERCAMBIA TUS ZAPATOS 70
EJERCICIO 2: UTILIZA LAS ESCALERAS 71
EJERCICIO 3: NÚMEROS DE PATENTES 71
EJERCICIO 4: TOMA UNA DUCHA.. 72
EJERCICIO 5: CALMA TU IRA 73

PARTE 2 76

INTRODUCCIÓN 77

PASO 1: DESARROLLAR UN PROFUNDO SENTIDO DE AUTOCONCIENCIA PARA LA AUTODISCIPLINA 80

PASO 2: SER EL VERDADERO TÚ.. 83

PASO 3: ESTABLECIENDO METAS PARA MAXIMIZAR TUS HABILIDADES.. 85

PASO 4: SER HONESTO CONTIGO MISMO 91

PASO 5: ENCUENTRA TU MOTIVACIÓN 95

PASO 6: DESARROLLA TU FUERZA DE VOLUNTAD 100

PASO 7: ROMPE TUS ANTIGUOS HÁBITOS 103

PASO 8: CULTIVA NUEVOS HÁBITOS................................. 106

PASO 9: REGISTRA TU PROGRESO..................................... 109

RETO DE 10 DÍAS 113

RECOMPENSAS POR SER AUTODISCIPLINADO **113**

PLAN DE INICIO DE DIEZ DÍAS PARA LA AUTODISCIPLINA **117**

CONCLUSIÓN: DISFRUTA TU NUEVA AUTODISCIPLINA ... **121**

Parte 1

Introducción

¿Cuál es el secreto para la felicidad? Esta es la pregunta para la que todos buscamos una respuesta a pesar de que la mayoría de nosotros es conciente de que ello involucra alcanzar nuestros sueños y llevar una vida en la que cumplimos nuestros objetivos. Sin embargo, nos detenemos en la "Zona del deseo" en la que deseamos que pudiéramos hacer ciertas cosas pero nunca actuamos. Sabemos lo que necesitamos hacer pero estamos esperando que alguien más lo haga por nosotros. Nos echamos en nuestros sillones mirando a otros alcanzando nuestros sueños. Todos tenemos grandes objetivos que soñamos alcanzar. Todos queremos ganar más dinero, tener nuestro propio negocio, llevar un matrimonio fructífero, estar en forma y alcanzar la paz interna pero posponemos todas las cosas que queremos hacer hasta el día en que pensamos que estaremos preparados.

Pero ¿cuándo vas a estar preparado? Nunca. Esta es la verdad. Si sigues posponiendo las acciones para buscar tus sueños nunca lo harás. O lo haces de la manera correcta o no lo haces y continúas esperando el momento indicado que nunca vendrá. Si quieres cambiar el modo en que estás conduciendo tu vida a una vida que sea grata, tienes que comenzar inmediatamente. El único modo de tomar cartas en el asunto de forma inmediata y positiva es mediante el poder de la autodisciplina.

La autodisciplina es la clave del éxito. Es la habilidad requerida para esforzarse a tope del crecimiento y desarrollo personal y se puede conseguir fácilmente si sigues los pasos mencionados en este libro. Desarrollar la autodisciplina es como desarrollar cualquier otra habilidad, requiere aprendizaje, práctica y persistencia. Este libro te ofrecerá conocimientos, consejos y ejercicios para lograr un mayor nivel de autodisciplina. Estimulará tu confianza y fuerza de voluntad para volverte una persona más fuerte y determinada que puede decidirse sobre los objetivos que quiere alcanzar y realmente lograrlos. La Autodisciplina Diaria te ofrecerá varias técnicas que te ayudarán a sacar a relucir tus poderes increíbles para tomar posesión de tu vida. Este libro te ayudará a integrar la autodisciplina a tu vida cotidiana, lo que te ayudará a crear y adaptar hábitos de éxito.

Capítulo 1: Crea una imagen positiva de tí mismo

No vas a cambiar ningún aspecto de tu vida si no modificas la imagen que tienes de tí mismo. Las personas no te tomarán en serio si no muestras un comportamiento consecuente con tomarte a tí mismo seriamente. Para modificar tu vida, debes desarrollar una imagen positiva de tí mismo. Esto puede conseguirse mediante la autodisciplina y el esfuerzo metódico. No eres un fracaso solo porque no has alcanzado todo lo que has esperado. Aprende a apreciarte a tí mismo y el viaje que has tomado para convertirte en quien eres hoy. El primer paso hacia crear una imagen positiva de tí mismo y convertirte en un "mejor tu" es aprender el respeto por tí mismo. Recuerda que esto no es una carrera y necesitas aprender a apreciar el viaje en vez de preocuparte sobre tu cercanía a la línea final.

El respeto por tí mismo implica verte y aceptarte por quién eres mientras ignoras tus percepciones de lo que otras personas piensen sobre tí. El objetivo de este capítulo es ayudarte a superar los pensamientos negativos que tienes de tí mismo y descubrir tu verdadero potencial. Acata las estrategias a continuación para orientar estos pensamientos negativos hacia la confianza. Toma nota de estas estrategias y síguelas de a una por vez. Luego de sentirte cómodo con la primera, agrega la segunda a tu rutina diaria y así sucesivamente. Escribe la estrategia que estás siguiendo en algún lado que la veas constantemente, quizás un espejo o la heladera. Sé consciente del modo en que te comportas y cuando sea que te encuentres siendo negativo, recuérdate la estrategia actual y construye tu autoestima.

Estrategia 1: Despiértate con algo que te gusta

Cómo comienzas tu día afecta tu humor inicial y, por consiguiente, todo tu día. Comienza tu día despertándote con algo que te gusta. Utiliza una alarma que te despierte con la música o la canción específica que te gusta o incluso con la voz de un ser querido. No te quedes en la cama revisando las noticias o las novedades de Facebook. ¡Arriba! Toma una ducha refrescante usando tus productos de baño favoritos. Sal simultáneamente relajado pero animado para enfrentarte al día. Abre las cortinas y las persianas para dejar entrar la luz natural y toda vista agradable del mundo exterior. Comer un desayuno saludable en un ambiente positivo te ayudará a energizar tu cuerpo y mente. Además, deberías decirte en voz alta, "¡Hoy será un día maravilloso!". Esto preparará tu mente para recibir todas las bendiciones positivas que te encuentres a lo largo del día que de otra manera te perderías.

¿Cómo hacer todo esto? Es simple. Simplemente levántate 15 minutos más temprano de lo habitual para crear y disfrutar un buen tiempo que cambiará tu día completo de apurado y estresante a uno más relajado y productivo. Al principio, levantarse más temprano es duro pero con perseverancia se volverá una rutina. Apreciarás el valor que este tiempo le da a tu vida y sentirás una satisfacción constante con tu nuevo enfoque cotidiano.

Estrategia 2: Eres una persona hermosa tal como eres

¿Te miras al espejo antes de salir de casa? Si lo haces y no estás satisfecho con tu apariencia, entonces permíteme ser tu espejo y mostrarte que eres una persona hermosa tal y como eres. Utilizar maquillaje no completará verdaderamente tu belleza si no estás satisfecho con tu verdadero yo. Del mismo modo, utilizar maquillaje no le ocultará tu insatisfacción a los demás. La belleza viene desde adentro y es algo que todos reconocemos en los demás. Piensa sobre tu capacidad de distinguir las emociones subyacentes de la familia y los amigos a pesar de tu apariencia externa. Aprende a brillar desde adentro para que la sonrisa en tu rostro y el destello en tus ojos sean genuinos.

¿Cómo hacer esto? Echa un vistazo al espejo y dite a tí mismo "Soy hermoso. Me acepto de la manera que soy". No intentes ser alguien que no eres. Intenta ser la mejor versión de tí mismo.

Respétate cuidando el cuerpo con el que naciste. Ejercicio frecuente, buena nutrición y descanso adecuado son los cimientos para fomentar no solo la salud física y la apariencia sino también la salud emocional. Experienciarás nada más que devoluciones beneficiosas exponenciales de perseguir un estilo de vida activo y saludable. Es el método más efectivo de promover la confianza en tu apariencia externa. Preocúpate por tu cabello y tu piel nutríendolos, no escondiendo lo que crees que son debilidades. No tienes que gastar fondos excesivos en productos caros. Los aceites naturales, aplicados con moderación, ayudarán a proteger tu piel del clima al tiempo que humectan de la manera más efectiva y económica posible - al tomar agua. Además, realzar tu apariencia vistiendo ropa que se adapte a tu tipo de cuerpo es importante para tu autoestima. Nunca persigas tendencias cambiantes. En su lugar, esfuérzate por crear un ropero con una amplia variedad de piezas clásicamente diversas. Ponte accesorios con elementos que expresen quién eres, no lo que la sociedad considere que está de moda.

Aceptar tu belleza no significa que dejes de cuidarte. Significa que tienes una visión realista de tu apariencia actual y estás cómodo con esa conciencia de tí mismo. Intenta examinar los atributos que tienes, tanto los buenos como los malos, y por qué te sientes de ese modo. Toma decisiones concientes y crea objetivos realistas para mejorar. Celebra las cosas que te gustan de tí.

Estrategia 3: Enfatiza tus cualidades positivas

Si insistes continuamente sobre tus atributos negativos, nunca tendrás el espacio para tomar medidas positivas para percatarte de todo tu potencial. Ver y enfatizar constantemente características negativas sobre tí mismo no le proporciona a los demás oportunidades para ver y experimentar aspectos positivos de tu personalidad y habilidades. Solamente ven y experimentan lo que les presentas y expresas al mundo. Bríndale a otros la chance de descubrir tus mejores cualidades.

En lugar de enfocarte en lo que "no puedes" hacer, piensa en lo que "puedes" realmente hacer y perfecciónalo. Siéntate y escribe atributos positivos que aprecias sobre tí. ¡No tienen que ser grandes cosas como manejar un trasbordador espacial! Aprecia las pequeñas cosas de tí como ser compasivo, de mente abierta o incluso tu amor por los animales.

Si no puedes hacer algo, busca ayuda para que alguien te enseñe. No hay nada malo con ello; al contrario, aprenderás algo nuevo. Cuando te enfrentas con una dificultad, dite a tí mismo que "puedes" y que lo "superarás". Háblate positivamente cuando tengas un pensamiento negativo rondando tu mente. Está con la gente que estimule tu confianza y cierra tus oídos a aquellos que te critican o dudan de tu habilidad para tener éxito. "Puedo" y "lo haré" no son simplemente palabras sino creencias en las que debes tener fe y en su poder inspirador.

Estrategia 4: Sé amable

Si vieras a una persona retando a otra, ¿no te sentirías mal por esa persona que está siendo regañada? Entonces, ¿por qué permites que tu mente te haga lo mismo? Deja de ser cínico contigo mismo y aprende a ser amable; perdona tus fallas y aprende cómo crecer más fuerte. Cuando te enfrentas con un problema o cuando no puedes realizar una tarea, no pienses sobre lo que los demás pensarán de tí; en cambio, concéntrate en tus pensamientos y trabaja en el problema que estás teniendo.

Sé amable contigo mismo así como también con los demás. Si quieres que te aprecien, tienes que aprender cómo apreciar a las personas a tu alrededor. Elogiar a los demás y tratarlos amablemente te hará sentir incluso mejor sobre tí mismo. La amabilidad abre las puertas de los corazones y es altamente contagiosa.

¿Cómo hacer esto? Tómate algo de tiempo para tí durante el día. Date el gusto de hacer una actividad que te guste mientras te alejas del estrés de tus responsabilidades. Cuando sea que logres algo, incluso si es algo pequeño, tómate un momento y felicítate. Lo mereces. ¿Pero que pasa si has hecho algo mal? Aprende cómo perdonarte y dejar de culparte. No es el fin del mundo así que levántate, date un abrazo e intenta una vez más arreglar lo que se ha roto. Cuando estés molesto, ve a un lugar que te guste, has chocolate caliente y relájate mientras lees un libro; pon algo de música y canta a todo volumen o baila incontroladamente. Eres el amigo que estás deseando, así que en momentos de angustias, trátate como dicho amigo.

Estrategia 5: Ejercítate

Una cosa que cambiará definitivamente el modo en que te ves a tí mismo es el ejercicio. Trabajar en una oficina, sentado todo el día en frente de una pantalla no mejora mucho tu autoimagen. Al contrario, dicha vida afectará tu salud y tu postura, lo que disminuirá tu autoestima, te arrancará la confianza. Hacer ejercicio regularmente fortalecerá tus músculos y huesos y, de igual manera, mejorará tu mente. Te ayudará a aprender cómo ordenar tu respiración y relajarte cuando te enfrentas con una dificultad. Otro gran beneficio de ejercitarte regularmente es la sensación de logro que obtendrás cuando sigas un plan regular de ejercicios. Los doctores en todo el mundo recomiendan ejercitarse por 20 o 30 minutos diariamente para recibir beneficios significativos.

¿Cómo hacerlo? Primero elige una actividad que te guste y disfrutes; de esa manera, te resultará más fácil mantener esta actividad regularmente y no te sentirás afligido al hacerla. Ejercítate con un amigo que te incentive en lugar de uno que postergue tus planes. Segundo, comprométete a hacer ejercicio por dos días por semana al principio y luego puedes programar más días y hacerlo parte de tu rutina diaria como cepillar tus dientes. Además, puedes probar una clase de yoga por semana; se caracteriza por su impacto relajante. También disminuye los niveles de cortisol, que es la hormona responsable del estrés y la ansiedad. El yoga es diferente a los entrenamientos regulares y romperá la cadena de tu rutina de ejercicios diarios.

Estrategia 6: Sonríe

¿Cómo te sentirías si estuvieras cenando en un restaurante y el mozo que te está sirviendo tuviera el ceño fruncido todo el tiempo? ¿Te sentirías cómodo? Supongo que tu respuesta sería "no". Une sonrisa tiene el poder de transformar tu humor y el humor de la gente que te rodea. Despliega positividad y has sentir a la gente a tu alrededor bien acogida y no con temor a acercarse a tí. Abre la puerta de los corazones y relaja el proceso de comunicación.

¿Cómo hacerlo? ¡Sonríe! Estira esos labios tan amplio como puedas. Ejercita la sonrisa cuando no haya nadie cerca. Echa un vistazo al espejo y sonríe sin mostrar tus dientes hasta que sientas como si los músculos de tus mejillas se han alargado. Quédate en esta posición por 5 segundos, luego relaja la sonrisa y repite el ejercicio nuevamente 10 veces. Este ejercicio es muy útil para tus músculos faciales y cambiará tu cara de una plana a una sonriente. Es más, ayudará a reducir las líneas delgadas y lustrar la elasticidad de la piel.

Todas estas 6 estrategias aumentarán tu imagen personal y te ayudarán a crear una actitud positiva de tí mismo, lo que se convertirá en tu segunda naturaleza y aliviarán la carga de tus dificultades. Estás en una relación contigo mismo seria y para toda la vida así que asegúrate de saber cómo llevarte bien contigo y ser el mejor compañero que jamás puedas tener. No eres el enemigo. Mereces una vida encantadora con una mejor autoestima.

Capítulo 2: El abecé de la autodisciplina

Puedes escoger cambiar tu vida momentáneamente al seguir algunas estrategias y técnicas y luego abandonarlas debido a la falta de resultados inmediatos o puedes cambiar tu vida para siempre mediante la autodisciplina y abandonar los resultados rápidos e inmediatos pero no eternos por unos mejores. ¿De verdad quieres tener éxito en tu negocio y facturar? ¿De verdad quieres cambiar tu vida a una más feliz y saludable? ¿Estás cansado de seguir varias dietas pero no poder comprometerte a ninguna de ellas y hacer un cambio real? Si la respuesta es "sí", entonces necesitas saber sobre el proceso de autodisciplina y darlo todo para seguirlo.

El proceso de autodisciplina contiene dos ingredientes secretos: la convicción y el compromiso. Si solo tienes la convicción de que vas a lograr tu sueño pero no te comprometes al trabajo duro y el plan estricto para alcanzarlo, no irás a ningún lado. Por otro lado, si no crees en el plan que estás siguiendo, seguirás cambiando de un plan a otro y finalmente terminarás no logrando nada.

Esto es muy evidente en la gente que está tratando de bajar de peso. Siguen cambiado de una dieta a otra porque no están convencidos con la dieta o porque están buscando resultados rápidos, lo que evita que se comprometan con un plan a largo plazo. Las personas que están eligiendo una dieta basada en plantas, por ejemplo, tienen la creencia en los efectos saludables de la dieta y se comprometen plenamente a ella. Tienen que dejar de comer carne, huevos o lácteos y esperar un par de meses antes de que puedan sentir los resultados reales. Se requiere mucho compromiso y una profunda creencia para alcanzar la autodisciplina que cambiará tu vida.

Es muy difícil iniciar un buen hábito y esa es la razón por la que es difícil desarrollar el hábito de la autodisciplina. Sin embargo, se convertirá en tu segunda naturaleza tan pronto como te apegues a ella sin sucumbir en excusas. El compromiso es la respuesta a practicar la autodisciplina. Si quieres triunfar en algo, tienes que comprometerte plenamente a ello y cuando te enfrentas con obstáculos o aburrimiento, tienes que controlarte y creer que si hubiera sido fácil, no habrías necesitado luchar para alcanzarlo y sentir la belleza del éxito. Cuando luchas para alcanzar tu meta, tu autoestima aumentará y la estima sobre tí finalmente alcanzará las estrellas. Para comprometerte plenamente a algo, tienes que dejar de lado toda suposición y saber que vas a enfrentarte a la adversidad hasta alcanzar tu objetivo. Hablando de tu objetivo, tienes que saber exactamente y precisamente cuál es. Tienes que saber dónde estás parado y hacia dónde te diriges. No traces objetivos imprecisos. Establece objetivos realistas y alcánzalos de uno por vez a través de un plazo definido.

Uno de los principios básicos de la autodisciplina es la motivación. Tienes que preguntarte unas pocas preguntas antes de comprometerte a un plan y tenerlo frente a tí todo el tiempo para mantenerte motivado. ¿Cómo imaginas tu vida perfecta? ¿Por qué quieres seguir un plan de autodisciplina? ¿Cuáles serían los resultados de estar desmotivado? ¿Cuál es la recompensa para tu paciencia?

Contestar estas simples preguntas te mantendrá concentrado en tu objetivo y te dará un empujón cuando te sientas triste. Siempre sigue pensando sobre los beneficios de tu objetivo y la razón principal por la que estás intentando cambiar. Mantente motivado leyendo historias exitosas de otras personas. Si estás tratando de bajar de peso, lee sobre historias de personas que triunfaron en perder peso utilizando la dieta que estás siguiendo y cómo sus vidas han cambiado realmente. Si estás intentando abrir tu propio negocio, lee sobre personas que han trabajado verdaderamente duro para brillar en su campo y de qué manera lo hicieron. Sus historias abrirán y fortalecerán tu apetito por el éxito.

No persigas las tentaciones. Pon tu mente en lo que es importante y todo lo demás en el ático. Debes ser muy selectivo en cuanto lo que llevarás a lo largo de tu viaje hacia el éxito y lo que abandonarás. ¿Cómo puedes hacer esto? Intenta seguir estos consejos:

Establece una lista de quehaceres semanal: Al comienzo de cada semana, siéntate en una habitación apacible y empieza a escribir tus objetivos principales para esta semana. Debajo de cada objetivo, escribe por qué es importante para tí y qué obstáculos podrías afrontar mientras intentas alcanzar este objetivo. De esta manera, sabrás los puntos positivos que te mantendrán motivado y estarás preparado para la negatividad. Al final de cada día, evalúa tu desempeño hacia tu objetivo y quita el que has alcanzado. Ganarás confianza y autosatisfacción cuando termines un objetivo a la vez.

Busca apoyo: Cuéntale a uno de tus amigos o a un miembro de tu familia sobre tu objetivo y las tentaciones que podrías afrontar. Háblales sobre la importancia de alcanzar tu objetivo y cómo él cambiará tu vida. Pídeles que te apoyen y te motiven. Tienes que discutir con ellos tus metas y ellos te mantendrán en el camino y te ayudarán a deshacerte de las tentaciones. Compartir tus objetivos y pensamientos aliviará la carga hasta cierto punto y sentirás un gran orgullo cuando finalices cada objetivo.

No olvides recompensarte luego de tachar cada objetivo en tu lista diaria de quehaceres. Las recompensas van desde un simple autoelogio hasta de hecho comprarte algo que has deseado por un tiempo. Puedes simplemente felicitarte, bailar, cenar afuera en tu restaurante favorito, disfrutar de una buena comida, ir al cine o comprarte algo sin importar cuan caro sea. Disfruta tus recompensas porque aumentarán tu autoestima.

Ahora que conoces el abecé del proceso de autodisciplina, procedamos a los secretos del éxito de dicho proceso. Estos son los pasos generales para tener éxito en cualquier hábito que quieras introducir en tu vida.

Capítulo 3: Los secretos para el éxito

El éxito no ocurre de la noche a la mañana. Se requiere mucho trabajo duro para triunfar en algo o para alcanzar un objetivo sobre el que has estado soñando. Quizás sepas lo que quieres hacer y los pasos que deberías seguir pero no tienes la autodisciplina para luchar contra el aburrimiento y tu resistencia interior. Este capítulo incluye los ingredientes para tener éxito en cumplir cualquier objetivo que estás buscando en tu vida, ya sea un objetivo diario o para toda la vida.

Toma una decisión que aceptes apasionadamente

El primer paso es tomar una decisión sobre la que, sin importar lo que pase, nunca cambiarás. Decide tu objetivo y sé determinado a no sucumbir a las tentaciones. Estableceun límite de tiempo para lograrlo pero tiene que ser uno realista. Decide que vas a trabajar duro e intentar una y otra vez sin perder las esperanzar. Sé consciente que hay un precio a pagar para triunfar y ello no afectará tu decisión o tu fuerza de voluntad. Recuérdate esta decisión cada vez que te sientas desamparado.

Hacerlo o no hacerlo

El segundo paso es escoger inteligentemente; elegir ser conciente de tí mismo y no dejar que tu subconsciente ignore tu decisión. Tienes que elegir cambiar. Por ejemplo, no puedes empezar una rutina de ejercicios si no has elegido cambiar tu vida a una más saludable. Ten cuidado de que tu subconsciente iniciará una disputa: "Has dirigido esta vida por tanto tiempo. ¿Qué tiene de malo? Estamos teniendo una buena vida.". Sin embargo, la pregunta que deberías hacerte en dicho estado es, ¿merezco vivir una 'buena' vida o la 'mejor' vida?" Hay una parte dentro nuestro que no quiere cambiar, que teme la pérdida de la estabilidad cómoda. La estabilidad es buena pero, ¿es realmente lo que quieres? ¿Realmente quieres vivir así?

Paciencia

El próximo paso importante en el proceso del éxito es la paciencia. La autodisciplina es un viaje largo en el cual necesitas ejercitar la paciencia. El cambio no ocurrirá en un abrir y cerrar de ojos. La paciencia es un cualidad diaria que necesitas practicar con tus hijos o tu cónyuge, en el trabajo con tus colegas e incluso en la calle cuando es un día muy concurrido. Cuando te sientas al borde de la decadencia, respira profundamente y dite "Esto también pasará." Ejercitar la respiración mejorará enormemente tu paciencia. Respira profundamente mientras cuentas hasta cuatro (en otras variaciones puedes aumentar el conteo a seis) y luego exhala mientras cuentas hasta cuatro. No pienses en otra cosa más que en calmarte. Al hacer esto, acabarás con la negatividad y le permitirás a tu mente pensar claramente.

Variación (anti-aburrimiento)

La rutina es un arma letal. Mata toda la creatividad y el amor por la vida. Es fácil empezar un nuevo buen hábito sobre el que estás entusiasmado pero al pasar el tiempo, el aburrimiento se acercará sigilosamente y abandonarás ese hábito. Esta es la razón por la que la variación tiene un rol muy importante en el éxito de la autodisciplina. Hazte estas preguntas para mantener al aburrimiento alejado: "¿Por qué estoy haciendo esto?" "¿Estoy interesado en lo que estoy haciendo?" "¿Cómo puedo hacerlo más interesante?" Detente y comienza a pensar en la razón principal por la que estás haciendo este hábito y decide que vas a disfrutarlo sin importar nada más. Esto lo transferirá desde tu subconsciente a tu consciencia.

Toma un descanso

Tomar un descanso de vez en cuando eliminará el sentido de rutina en tu vida. ¿Te mata ir a trabajar todos los días atravesando las mismas calles y hacer lo mismo todos los días? ¿Te hace sentir mal no hacer nada más que limpiar la casa, alimentar a los chicos y perseguirlos par intentar enseñarles disciplina? Tomar un descanso de tu cadena diaria permite el alivio y añade valor a tu vida. Aprende a pasar algo de tiempo solo para romper estar cadena y recargar tu energía. Por ejemplo, la mayoría de las dietas de pérdida de peso tienen un día libre en el que puedes disfrutar cualquier cantidad y sabor de comida por el que has tenido antojo. Libérate de tu rutina para que puedas apreciarla y disfrutarla luego. Por eso, asegúrate de agregar un día libre o algo de tiempo libre a tu lista de quehaceres.

Califica tu progreso

Lleva un diario contigo en el que calificas tu progreso así como también anotas tus obstáculos. Anotar tus obstáculos te hará concentrarte en tus áreas débiles mientras que calificar tu progreso aumentará tu sentido de orgullo y autorrealización. Por ejemplo, llevar un diario de lo que has comido mientras estás a dieta te permitirá ver dónde has fallado al seguir la dieta y por lo tanto, lo evitarás la próxima vez. Otro ejemplo de la importancia de calificar tu progreso llevando un diario es ver dónde has empezado y dónde estás ahora. Si estás intentando aprender un nuevo idioma, el diario te permitirá ver el nivel en el que empezaste y tu nivel actual, lo que te dará un gran sentido de autosatisfacción.

Mientras trabajas en ser una persona exitosa y suscitar lo mejor de tí, recuerda que Roma no se construyó en un día. Lleva una cantidad considerable de tiempo crear un nuevo hábito. El éxito nunca se puede lograr instantáneamente. Ahora, pasemos a la parte más emocionante de este libro, que es la parte práctica. El próximo capítulo te dará a conocer hábitos que puedes adoptar en tu vida diaria y cómo ejercitar la autodisciplina para lograr el éxito.

Capítulo 4: Métodos factibles para autoentrenarte autodisciplina

El hecho de ganar es lo que toda persona quiere ver en sus vidas. Todos quieren ser ganadores en al menos un terreno en sus vidas. El éxito debería ser una rutina diaria. Tenemos que lograrlo en las pequeñas cosas antes que en las grandes y no podemos hacerlo a menos que practiquemos la autodisciplina. Este capítulo te proporcionará los ejercicios necesarios que requieres para la autodisciplina diaria en áreas particulares ahora que conoces las generales.

Desarrollo personal

Todos estamos buscando desarrollar nuestra personalidad y pensar inteligentemente y tomar las decisiones correctas son los dos ingredientes clave para alcanzar el desarrollo personal. ¿Qué deberías hacer cuando te ves forzado a elegir entre dos caminos distintos? ¿Cómo deberías tomar la decisión correcta? ¿Cómo piensas inteligentemente y no tomas una decisión apresurada?

Lleva una extraordinaria cantidad de autodisciplina pensar inteligentemente antes de actuar, especialmente cuando la situación requiere una respuesta inmediata. Tienes que concentrarte en la situación a la que te estás enfrentando y captar toda la atención y poner en la balanza las opciones que tienes. Tienes que controlar tu mente de dispersarse. Una vez que comienzas a disciplinar tu mente, esta estará más clara y organizada. Sabrás cómo priorizar tus ideas y este método de pensar será automático.

Ejercicios diarios prácticos:

Escribe el nombres de dos o tres personas cuya sabiduría aprecias. Podría ser cualquier persona, desde un pariente hasta un famoso. Toma nota de lo que te gusta sobre ellos específicamente y cómo piensan. Intenta darte cuenta cómo han alcanzado dicha personalidad. Sigue sus pasos mientras tienes en cuenta tus pensamientos.

Para tomar una gran decisión en tu vida, tienes que reunir todos los hechos. Comienza con decisiones diarias como escoger qué vestir, dónde cenar, qué película mirar, etc. Conoce tus preferencias y ve por ellas. No dudes ni desperdicies tu tiempo.

Elige algunos momentos en tu vida en los que has sentido confianza en tí mismo y tus acciones han aumentado tu autoestima. Anótalas y analiza tus acciones y reacciones. De nuevo, ten en cuenta tus pensamientos y acciones en tu día para alcanzar nuevamente el mismo estado diariamente. Este desarrollará tu pensamiento analítico y te hará pensar más rápido.

Reflexiona sobre un problema que has afrontado en tu vida y pensar cómo lo hubieras tratado de manera diferente mientras piensas inteligentemente. Este será un entrenamiento práctico si te enfrentas con este problema otra vez.

Ejercitación

Todos queremos estar en forma y tener el cuerpo perfecto. La mayoría de las mujeres, sino todas, quieren tener ese cuerpo de playa como las actrices y la mayoría de los hombres, sino todos, quieren tener un cuerpo musculoso o al menos uno en forma. El ejercicio es uno de los hábitos que necesita una gran cantidad de autodisciplina y, a la inversa, el ejercicio lleva a un alto nivel de autodisciplina porque tienes que apegarte a una rutina diaria durante meses o incluso años para alcanzar el cuerpo que estás buscando. ¿Cuántos de nosotros decide ir al gimnasio y continuar dando excusas a nosotros mismos para no ir? El clima está demasiado caluroso o demasiado frío para ir. Esperamos por el momento justo, pero este parece nunca llegar. Tenemos que controlar estas excusas y aprender a auto disciplinarnos y tomar control de nuestras vidas sí o sí. Si quieres ejercitarte, no existe una montaña lo suficientemente alta para detenerte.

Como se ha dicho antes, necesitas ejercitarte 30 minutos por día. Siguiendo una rutina de caminata de 30 minutos por día te hará más saludable que nunca. Cabe señalar que hacer ejercicio por la mañana es mucho mejor en cuanto a crear un hábito. Si has relegado el ejercicio al final del día, caerás prisionero del cansancio de tu día. Seguirás relegando el ejercicio hasta que te sientas mejor, lo que finalmente nunca ocurrirá.

Ejercicios diarios prácticos

Si no puedes ir al gimnasio o tu tiempo es muy ajustado para hacer ejercicio, intenta estacionar tu auto lejos del destino a donde estés yendo. Intenta estacionarlo lejos de tu lugar de trabajo, por ejemplo, a dos calles de distancia y caminar a tu destino. Sé consciente de que tu mente intentará encontrar una excusa para tí y seducirte para encontrar un estacionamiento más cerca. El objetivo de este ejercicio es incrementar tu fuerza de voluntad para hacer ejercicio y disciplinar tu mente para tomar decisiones que se opongan a tu resistencia interna. Puedes hacer lo mismo si viajas en colectivo o taxi. Resiste tu deseo de alcanzar inmediatamente la puerta de tu lugar de destino.

Configura tu alarma 45 minutos más temprano de lo que usualmente te levantas. Coloca tu ropa deportiva cerca de tu cama para que puedas verla con claridad tan pronto como te levantes. Te encontrarás vistiéndote y saliendo a caminar o correr involuntariamente. Créeme, pasa 30 minutos corriendo y sentirás un gran sentido de felicidad y alivio mientras las hormonas de endorfina se secretan en tu cuerpo, aumentando tu alma.

Una de las mejores cosas que puedes hacer es inscribirte en un gimnasio. Cuando haces esto, pide unirte a un grupo puntual y específico. Esto te forzará a ser disciplinado y te permitirá conocer nuevas personas y crear recuerdos. Si tu estado financiero te lo permite, incluso puedes pedir un entrenador personal que se ajustará a tu rutina de ejercicios así como también a tu dieta. Tener personas que compartan tu rutina contigo aumentará las posibilidades de que sigas esta rutina y te apegues a ella.

Comprueba si puedes encontrar una comunidad deportiva en tu comunidad. Puedes unirte a estas comunidades y disfrutar jugar tu juego favorito, ya sea fútbol, béisbol, básquet o tenis. Esto constituirá tu disciplina, tu aptitud física y tus relaciones sociales.

Seguir una dieta saludable

Seguir una dieta saludable debería ser una de tus máximas prioridades para llevar una vida mejor. Esto requiere un compromiso duradero y una autodisciplina estricta. Las causas principales de muerte en todo el mundo son cáncer, cardiopatía, diabetes e insuficiencia renal. La mayoría de estas enfermedades se pueden evitar siguiendo una dieta saludable. Una dieta saludable también cambiará la manera en que se ve tu cuerpo para mejor.

Para cambiar tu dieta y tener éxito en seguir una saludable, deberías hacerlo fácil para tí al principio. Deberías comenzar con cambios lentos mientras eliminas gradualmente los malos hábitos e introduces los nuevos. Por ejemplo, introduce ensaladas de hojas verdes a una comida todos los días al principio. Reemplaza la manteca con aceite de oliva. Reduce gradualmente la cantidad de azúcar y de sal. Intenta disfrutar de todos los tipos de comida pero reducir las cantidades de comida procesada y enlatada. No sigas una dieta basada en solo una clase de comida porque podría ser más perjudicial que útil para tu cuerpo. Todo lo que necesitas hacer para seguir una dieta saludable es comer pequeñas cantidades de carbohidratos, grandes cantidades de vegetales y frutas, proteínas y reducir las cantidades de grasas, azúcar y sal.

Prueba con una dieta cetogénica, la cual está ganando una popularidad en aumento todos los días en todo el mundo. Una dieta cetogénica, también conocida coloquialmente como keto, es una dieta en donde reduces tu ingesta diaria de carbohidratos para quemar la grasa de tu cuerpo. Esto es muy diferente de la dieta de choque porque no salteas comidas ni las haces más pequeñas. La keto implica principalmente minimizar el consumo de carbohidratos al regular la clase de comida que comes. Hacer esto fuerza a tu cuerpo a entrar en un estado de cetosis.

La cetosis es principalmente un estado en el que tu cuerpo es forzado a romper las moléculas de grasa en moléculas más pequeñas, conocidas como cetonas. Estas cetonas son utilizadas por el cuerpo para generar energía para llevar a cabo diferentes actividades. Mientras estén disponibles los carbohidratos, el cuerpo utiliza poco las moléculas de grasa almacenadas. Sin embargo, si reduces considerablemente la ingesta de carbohidratos, el cuerpo utiliza la grasa almacenada como fuente de energía. Este es un conocimiento básico en cuanto a la Cetosis y seguir una dieta Cetogénica.

Recomiendo firmemente que investigues y consultes con tu profesional médico antes de intentar comer de este modo. Existe una gran variedad de libros que se dedican a la dieta cetogénica.

Seguir una dieta saludable no es algo fácil pero es muy gratificante. Se requiere un alto nivel de autoexigencia y verás los frutos al volverte más saludable, atractivo y seguro de tí mismo. Toda tu vida cambiará una vez que insistas en seguirla y rechazar todas las tentaciones.

Ejercicios diarios prácticos

Pregúntate: "Si pudiera tener una salud perfecta, ¿de qué manera sería diferente de mi salud actual?" Decide que te vas a regalar una "salud perfecta" y cambia.

Conoce tu peso ideal y escríbelo como tu objetivo. Decide cómo vas a alcanzar este peso ideal y sigue tu plan.

Divide tus comidas en cinco o seis comidas en vez de tres sustanciosas, dejando tres horas entre tu comida final y tu hora de dormir.

Disfruta tu desayuno. Es la comida más

importante pero, desafortunadamente, la mayoría de las personas simplemente lo comerá apurado sin darse cuenta lo que verdaderamente están comiendo. El desayuno debería ser rico en calcio y vitaminas, las cuales se encuentran en las frutas y los vegetales. Por consiguiente, intenta incluirlos en tu desayuno habitual. La mayoría de las frutas son fáciles de llevar y comer en movimiento si estás apurado.

Evita comer mientras miras televisión o mientras estás sentado en la computadora para así evitar consumir cantidades innecesarias de comida. Comer mientras miras televisión distrae tu atención por lo que no notarás el sabor de la comida y las cantidades que estás comiendo. Al principio, te sentirás aburrido de que no haya nada que capte tu atención. También podrías sentirte solo. Intenta concentrar tu mente en lo que estás comiendo y experimenta el olor y el sabor de la comida para que puedas verdaderamente disfrutarla y no simplemente consumirla. Esto disminuirá la cantidad de comida que estás comiendo y comenzarás a notar que estás perdiendo peso.

Mastica lentamente tu comida. Toma pequeños bocados y mastícalos despacio, disfrutando cada bocado. Intenta distinguir los diferentes ingredientes y especias mientras masticas. Comer tu comida rápido te provocará indigestión y te sentirás hinchado. Masticar despacio no permitirá que tu mente se inunde de los sentidos del placer, lo que reducirá tu tendencia a comer más, en su lugar, tu mente reducirá tu apetito. Además, tendrás la oportunidad de disfrutar más del sabor de tu comida.

Bebe mucha agua. La mayoría de nosotros olvida beber la cantidad necesaria de agua que el cuerpo necesita para deshacerse de los desechos de nuestro cuerpo. Reemplaza algunas bebidas con un vaso de agua.

Abandona todos los productos que contengan harina blanca como el pan, las tortas, las pastas y cualquier otro producto similar. Es muy difícil vivir sin estos productos pero siempre puedes reemplazarlos con productos hechos de harina de avena o harina de arroz integral. Elije el pan o las pastas de harina de salvado; son mucho más saludables y beneficiosas para tu cuerpo. Son ricos en fibras, las cuales se digieren lentamente y te brindan una sensación de saciedad por más tiempo.

Abrir tu propio negocio

Todos soñamos con tener nuestro propio negocio y la libertad que nos brinda ser el jefe. No hay nadie que nos ordene qué hacer y qué no, nadie más que tú que espere nada de tí. Sin embargo, hay poca gente que logra este sueño y realmente construye su espíritu emprendedor. Construir tu espíritu emprendedor te hará más feliz y incrementará tu confianza en tí mismo. La pregunta es, ¿por qué no perseguir nuestro sueño?
La respuesta es porque tenemos miedo. Tememos fracasar. Tememos tomar los

primeros pasos y luego no poder continuar. Nuestra falta de disciplina y de asumir responsabilidad nos impide avanzar y nos paraliza. Vencer el miedo y tratar de alcanzar tu sueño es lo que necesitas para tener una autodisciplina fuerte. Siempre olvidamos que "a lo único que hay que tenerle miedo es al miedo mismo". No tiene nada malo fallar. Tu falla en realizar un proyecto o implementar una idea no significa que seas un fracasado. Simplemente significa que necesitas familiarizarte con todos los límites de esta idea o este proyecto. Tienes que armarte de poder propio y toda la información necesaria.

La autodisciplina te permitirá adquirir una reputación de ejecutivo serio y responsable. Si estás planeando abrir tu propio negocio, tienes que ofrecerle algo especial al mercado. Tienes que analizar el mercado bastante bien y pensar en tu idea concienzudamente, considerando las demandas del mercado. La autodisciplina te permitirá continuar tu proyecto cuando el entusiasmo se haya ido y cuando las responsabilidades aumenten. Recuerda que vas a hacer algo que verdaderamente amas. Comenzar un nuevo negocio es como tallar una piedra; tienes que usar el poder de la autodisciplina para esculpirla en lo que te gusta por lo que tienes que tener en cuenta de que no es una tarea fácil sino más bien una tarea que requiere toda tu energía.

Ejercicios diarios prácticos

Anota tu sueño por completo como si lo estuvieras dibujando. Escríbelo como si le fueras a dar este documento a tu sponsor. Tienes que hacerlo tan claro y detallado como sea posible. Tienes que indicar cómo vas a tener éxito, qué necesitas exactamente y qué harás cuando cumplas tu sueño.

Busca tu idea en Internet y verifica si la gente tiene ideas similares a esta y cómo han logrado conseguir su idea y convertirla en un negocio real y rentable.

Escribe una lista de obstáculos y problemas que podrías afrontar al empezar tu propio negocio y debajo de cada uno escribe la solución sugerida. De esta manera, reducirás e incluso podrías eliminar las posibilidades de fracaso.

Escribe los nombres de las personas que te apoyarán y ayudarán. Escribe junto a cada nombre exactamente por qué necesitas a esta persona en particular.

Escribe 10 objetivos para tu nuevo negocio. ¿Cómo le ayudaría a la gente que lo usa?

Proponte dar un paso todos los días durante una semana hacia tu objetivo hasta que lo logres.

Recuérdate que vas a tener éxito sin importar lo que suceda. No fallarás.

Crea un cronograma bien pensado para tu proyecto. ¿Cuándo vas a dar orden de partida? ¿Cuándo esperas ganar dinero para cubrir tus expensas? ¿Cuándo vas a ganar dinero que te hará rico? ¿Cuándo vas a desarrollar tu negocio y mejorarlo? Esto te dará una visión del futuro de tu proyecto.

Decide qué resultado te gustaría lograr y, con total atención, bríndale toda tu concentración.

Aprende cómo vas a promocionar tu negocio. Sin publicidad, no obtendrás un beneficio valioso. Puedes invertir en tomar un curso de mercadotecnia o incluso podrías escuchar o mirar seminarios en línea.

Promociona tu negocio paso a paso. Comienza con tu familia y amigos y pídeles su opinión. Anótalas y toma una opinión a la vez para desarrollar tu negocio.

Por al menos dos horas, lee todos los días cómo puedes desarrollar tus habilidades y tu negocio. Anota las nuevas ideas que obtuviste y cómo harás uso de ellas. Leer solo no resolverá el problema. Las ideas serán recopiladas en tu mente y se perderán en un par de días. Sin embargo, cuando las anotas, se apegarán a tu mente y te las acordarás todos los días.

Leer

La persistencia es un factor fundamental en aprender la autodisciplina y es el factor fundamental para el éxito porque si te rindes rápidamente nunca serás capaz de triunfar en tu vida. Si cada vez que te ves tentado a rendirte, persistes y te mantienes firme en lugar de ceder ante tus sentimientos pesimistas, entonces habrás logrado otro ejercicio práctico en resistir la tentación y auto disciplinarte a terminar lo que has empezado. ¿Y qué podría ser un mejor ejercicio práctico en persistencia y resistir la tentación que leer? Abandonamos la lectura por otras cosas. Seguimos dilatando leer ese libro para cuando estemos libres pero, verdaderamente, ¿alguna vez nos liberamos para leerlo?

Leer no es una opción si quieres tener una vida exitosa. Es algo necesario que tienes que hacer. Leer debe ser una actividad básica en tus técnicas de autodisciplina diarias. Leer nutre el alma y la introduce a las experiencias de otras personas. Enriquece tu alma interna y contribuye considerablemente a tu vocabulario, lo que te ayudará en tu vida cotidiana y en tu negocio, especialmente el negocio de marketing.

Cada libro que terminas contribuye a tu sentido de logro y aumenta tu habilidad para concentrarte. A veces, un libro puede ser aburrido pero tienes que recordar que el medio principal para fortalecer tu autodisciplina es hacer tareas molestas y resistir tu pereza para completarlas. A pesar de que podría sonar como un logro pequeño, te brindará un gran sentido de victoria sobre tu perezoso ser. Sentirás como si tuvieras el dominio sobre tu mente. Tener el poder para elegir y domesticar tu mente para aceptar tu elección te permitirá lograr tareas más grandes que leer. Considera la lectura como un desafío que tienes que ganar en tu lucha diaria hacia la autodisciplina, ya sea para obtener más información sobre un proyecto que te gustaría hacer o desarrollar o incluso simplemente para relajarte y toma tiempo para tí.

Ejercicios diarios prácticos
Escoge una cualidad que te gustaría desarrollar en tu vida y busca los mejores libros que se centren en ello.

Escoge un objetivo en tu vida que no puedes lograr; lee diariamente sobre él y pon en práctica lo que estás leyendo.

Proponte leer diariamente por 20 minutos sin importar lo que suceda. Es tu misión sagrada.

Lee un libro que podría ser aburrido para tí durante veinte minutos. Pon toda tu atención en lo que estás leyendo e incluso toma algunas notas. Escribir mientras lees evitará que tu mente divague o se distraiga. Ejercita dominar tu mente. Tu eres quien tiene el control. Este ejercicio aumentará tu capacidad de focalizar la atención en cualquier trabajo sin importar cuán aburrido pueda ser.

Establece una tarea para tí, que es leer diariamente durante toda una semana sobre los beneficios de tener autodisciplina. Escribe nuevos objetivos que te gustaría seguir para ganar fuerza de voluntad. Esto mejorará tus hábitos de autodisciplina y los profundizará en tu carácter.

Lee sobre las historias inspiradoras de gente exitosa y relaciónalas con tu vida.

Puedes leer sus biografías o autobiografías. Esto es más cercano a la realidad que simplemente leer sobre los ejercicios. Leer historias inspiradoras te dará más confianza en tí mismo mientras ves que las personas que estaban en tu lugar han logrado realmente tener éxito y obtendrás la gratificación de ver cómo lo han logrado.

Si tienes el hábito de mirar televisión antes de ir a dormir, reemplaza este hábito con el de leer. Has esto por al menos 2 semanas.

Al final el día y como método de relajación, toma media hora para leer tu libro favorito. Deshazte de cualquier pensamiento que te diga que podrías utilizar este tiempo para hacer algo más importante o que no has logrado nada lo suficientemente importante para merecer este tiempo de relajación.

Administración del tiempo

¿Quién no tiene un problema cuando se

trata de administrar el tiempo? Desperdiciamos mucho de nuestro tiempo haciendo cosas banales. La administración del tiempo es un aspecto muy importante que determina la forma de nuestras vidas porque cuando administras tu tiempo, realmente administras tu vida. El tiempo es muy valioso y nunca puedes recuperarlo. Tienes que invertir tu tiempo en desarrollarte y hacer el mejor uso del mismo para avanzar en tu vida y lograr el éxito.

El tiempo no viene con la opción "ahorrar", solo tiene la opción de gastarse. Sin embargo, gastar tu tiempo de ciertos modos puede ayudarte básicamente a ahorrar tiempo al darle valor. Necesitas mucha autodisciplina para superar el estancamiento, el cual desperdicia tu tiempo y evita que la mayoría de las personas alcancen el éxito. El estancamiento se roba tu energía y tu tiempo.

La mayoría de las personas gastan su tiempo haciendo cosas que son inútiles o no hacen ninguna diferencia en sus vidas.

Esta es la razón por la que tienes que disciplinarte y administrar tu tiempo puesto que la esencia de la administración del tiempo es determinar tus prioridades e insistir en lograr estas prioridades. Tienes que escoger con sensatez y priorizar tus tareas de acuerdo con su importancia.

Antes de empezar cualquier tarea demandante, tienes que preguntarte si esta tarea vale la pena el tiempo que vas a gastar. Esta pregunta te ayudará a administrar tu tiempo al saber qué es importante y qué se puede postergar o incluso ignorar. La falta de autodisciplina provocará que las personas posterguen las tareas importantes para hacer tareas más placenteras aunque menos importantes. Esta es la razón por la que es muy importante conocer tus prioridades y darles más de tu tiempo. Tienes que escoger las tareas que podrías dejar de hacer para darte más tiempo para enfocarte en las tareas que le den valor real a tu vida. Por ejemplo, completar un curso relacionado con tu trabajo hará una diferencia importante en tu vida, mientras que pasar tiempo navegando en Internet o revisando tu cuenta de Facebook no tendrá ningún efecto en absoluto en desarrollar tu vida, al contrario, desperdicia tu preciado tiempo.

Ejercicios diarios prácticos

Al comienzo de tu día, o incluso antes de irte a dormir la noche anterior, escribe una lista de las tareas que quieres hacer este día. Divide la lista en "Tienen que hacerse", "Deberían hacerse", "Podrían hacerse" y "Deberían obviarse". Tienes que apegarte a esta lista y a la división que has creado.

Siempre hazte esta pregunta: "¿Cuá es el mejor uso de mi tiempo ahora?" Anota tu respuesta y asegúrate de apegarte a la respuesta.

Siempre sé puntual. Prepárate para tus citas o encuentros por adelantado. Prepara tu ropa el día anterior. Configura tu alarma y siempre ten en cuenta el tráfico. 5 minutos pueden tener un efecto trágico en tu puntualidad.

Escoge una tarea de tu lista de

quehaceres, toma una decisión para empezarla en cierto tiempo y terminarla a cierta hora y cumplir la promesa. Sé fiel al cronograma que has establecido.

En tu lista de quehaceres, escribe junto a cada tarea el tiempo en el que la has comenzado y cuándo esperas terminarla. Cuando la termines realmente, verifica que te haya llevado el mismo tiempo que te has permitido. Si te ha tomado más tiempo, analiza el por qué y cómo puedes evitarlo la próxima vez.

Ser feliz

Abraham Lincoln estaba en lo cierto cuando dijo, "Las personasson usualmente casi tan feliz como decidan serlo". La felicidad es un estado mental en el que te colocas a tí mismo. Tienes que decidir ser feliz para estar feliz. Tienes que tener autodisciplina en tu vida para poder controlarla, y así estar feliz y satisfecho por ello. ¿Alguna vez te has preguntado por qué siempre te sientes estresado acerca de tu vida? ¿Por qué siempre te sientes triste? La respuesta es porque no tienes el control de tu vida. Permites a las circunstancias externas tomar el control de tu vida, lo que te lleva a la desgracia.

Cuando controlas tu vida, te sientes fuerte. Tú eres el dueño de tu vida y conoces cada detalle en ella. Te sentarás detrás del volante y conducirás tu vida en la dirección que quieras. Serás capaz de desarrollarte en vez de simplemente sentarte a esperar que alguien lo haga por tí. La felicidad le llega a quienes disfrutan su vida.

Ejercicios diarios prácticos

Define felicidad. ¿Qué significa ser feliz? Esta no es una pregunta cuya respuesta encontrarás en un libro o en Internet. Es tu definición de felicidad la que tienes que seguir. Cuando defines felicidad, escribe la definición en una nota adhesiva y colócala en algún lugar que puedas verla diariamente. Trabaja todos los días para lograr tu felicidad.

Encuentra tu fuente de energía y aférrate a ella. Si no tienes la cantidad correcta de energía, no serás capaz de desempeñarte bien en tu vida.

Valora a la gente que te rodea. Hazlo una rutina diaria el decirle a las personas que amas que valoras su presencia. Medita todos los días sobre las pequeñas cosas que ocurrieron durante el día que te hacen valorarlas y cuéntales a tus seres queridos sobre ellas.

Escoge los aspectos de la vida que te hacen feliz. Escribe un aspecto cada día y cómo puedes trabajar en él y desarrollarlo para que puedas disfrutarlo al máximo.

Determina los aspectos de tu vida en los que te sientes sumiso a las circunstancias externas. Escribe un aspecto cada día e intenta encontrar la manera para resolver dicha complacencia.

¿Cuándo te sientes más feliz? ¿Cuáles son las actividades que te hacen feliz? Anótalas y prométete hacer una actividad todos los días; cumple la promesa.

Cuando te sientas infeliz, toma un pedazo de papel y comienza a escribir exactamente por qué te sientes infeliz. Escribe tus sentimientos completos como si estuvieras hablando con un terapeuta o con tu íntimo amigo.

Matrimonio y relaciones

Los hombres y las mujeres fueron creados para completarse unos a otros a pesar de sus diferencias. Se equilibran entre sí para crear una melodía universal. Esta es la razón por la que las características principales en una relación exitosa son la confianza, el respeto y el entendimiento. Incluso si hay problemas que le hacen frente a la relación, nada la romperá si está construida según esas características. Si alguna de esas características desapareciera, el matrimonio se derrumbaría.

Un matrimonio feliz necesita mucha disciplina y amor, lo que requiere sacrificio y abnegación de ambas partes. La felicidad de tu pareja tiene que ser tu prioridad principal. Tienes que estar listo para sacrificar lo que sea para hacer a tu ser amadofeliz y contento. Solo entonces, y a través de la abnegación, te sentirás feliz y serás capaz de lograr cualquier cosa y sortear todos los obstáculos.

La autodisciplina en el matrimonio tiene que hacerse mediante el autocontrol. Además, tienes que ser honesto sobre tus sentimientos y nunca ocultarlos. Tienes que ser capaz de expresar lo que estás pensando y discutir cualquier problema porque juntos pueden alcanzar la luna. Otro secreto de un matrimonio feliz es escuchar. Debes escuchar cuidadosa y pacientemente a tu pareja e intentar reducir la brecha que la rutina de la vida pueda hacer entre ustedes dos.

Ejercicios diarios prácticos

Cuando estés hablando con tu cónyuge esta noche, escucha cuidadosamente lo que está diciendo y si te está contando un secreto importante.

Pregúntale a tu cónyuge estas preguntas: "¿Qué te gustaría que hiciera por tí?", "¿Qué es lo más importante que no quieres que haga?" y "¿Hay algo que te gustaría que hiciera que no estoy haciendo?" Estas preguntas ayudarán a arreglar su relación y acercar sus perspectivas. Escribe las respuestas y mantenlas frente a tí para que puedas trabajar en tí y en tu matrimonio.

¿Cuáles son los rasgos que podrías ganar o en los que podrías trabajar que podrían mejorar tu matrimonio y vida amorosa? Anótalos y trabaja en cada rasgo gradualmente. Decide que vas a ser una mejor pareja de ahora en más.

Recuerda los momentos durante lo cuales tú y tu cónyuge estuvieron muy cercanos en el pasado. Trabaja en traer esos momento de vuelta y revitaliza tu matrimonio.

Tómate algo de tiempo para conocer los gustos y disgustos de tu cónyuge y determina el idioma del amor que hablan. Podría ser el idioma de los regalos, de las caricias, del aprecio o de la dedicación de tiempo. Conoce cómo tratar a tu cónyuge de la manera que le gusta, no de la manera que te gusta a tí.

Escríbele una carta de amor a tu cónyuge cada día durante un mes, incluso si es simplemente una oración.

Por un mes, pregúntale a tu cónyuge diariamente sobre un favor que le gustaría que hicieras. Tienes que hacer el favor incluso si es algo que no te gusta.

Eliminar el enfado

No hay duda de que los sentimientos negativos que tenemos chocan con el ritmo de nuestras vidas. Daña nuestras relaciones y paz interior. Caemos en situaciones que nos dejan enojados, frustrados y nerviosos. Caer en el cautiverio de estos sentimientos negativos y darles la chance de controlar nuestro humor significa que no tenemos el control de nuestra mente y, por lo tanto, no tenemos el control de nosotros mismos.

La autodisciplina te permite rechazar esos sentimientos negativos, especialmente la ira, al negarle la posibilidad de crecer. Tener el control de tus sentimientos cuando surgen te dará confianza en tí mismo y paz interior. Te verás a tí mismo crecer más fuerte cuando tengas la posibilidad de dominarlos. De lo contrario, si los dejas tomar el control de tu mente y te das por vencido, ganarán poder sobre tí y te guiarán en tus acciones.

Ejercicios diarios prácticos

Practica ejercicios de respiración diariamente. Te calmarán cuando quiera que te sientas estresado o incluso cansado. Si estás en una situación que está desarrollando sentimientos negativos o ira, aíslate por 10 o 15 minutos y has tus ejercicios de respiración, concentrándote en tu respiración para calmarte. Respira profundamente mientras cuentas hasta 4 y luego exhala lentamente contando también hasta 4.

Utiliza tu imaginación para que te ayude cada vez que te enfrentes a una situación desagradable. Otra vez, tienes que aislarte y visualizar un lugar en el que te sentirás relajado o incluso una cara amigable que te traerá tranquilidad. Intenta hacer esto diariamente para fortalecer tu imaginación.

Hacer ejercicio tiene un gran efecto en tu mente tal como lo hemos discutido antes y, en particular, yoga puede hacer maravillas cuando te sientes tensionado.

Afrontar problemas en el trabajo o en el hogar podría ser frustrante y un modo de superarlos es preguntándote, "¿Cómo ocurrió este problema?" Ve a un lugar tranquilo, analiza el problema que estás afrontando. Piensa con claridad sobre TODAS las soluciones posibles al problema. Piensa hoy en el mayor problema que estás enfrentando y piensa en todas las soluciones posibles que puedes elaborar. De este modo, estarás listo si el problema se intensifica.

Ten algo de tiempo personal para relajarte y tratarte bien todos los días. Esto puede hacerse incluso durante momentos estresantes que afrontes en tu día. Este tiempo personal mantendrá tu mente clara y aumentará tu autodisciplina.

Capítulo 5: Tus peores enemigos

Tu mente no va a obedecerte si no le mostraste tu fortaleza en vencer a tus peores enemigos: los enemigos que están poniendo trabas en tu desarrollo y debilitando tus poderes interiores. Estos enemigos son la negatividad, el aburrimiento, el apresurarse a los resultados y el postergar tus tareas. Incluso si estás decidido a cambiarte y poseer mejor autodisciplina, nunca irás a ninguna parte si te has rendido frente a uno de estos enemigos. Nuestras mentes siempre están encontrando excusas para resistir cualquier modificación de la vida cotidiana o cualquier nuevo cambio conductual.

La resistencia tiene muchas caras y senderos sinuosos. Puedes sentirte perezoso para entrenar los ejercicios prácticos por lo que los pospondrás o incluso te los olvidarás. Puedes sentir que el cambio no está sucediendo y abandonarás todo y volverás a tu vida habitual. Este tipo de resistencia debería cambiarse a persistencia si realmente quieres cambiar y dominar tu mente.

Negatividad

La negatividad en un sentimiento nocivo que se alimenta de tu actitud hacia tí mismo. Consume tus emociones y tu energía. Mientras intentas ganar autodisciplina, tu mente creará pensamientos negativos para retenerte de mejorar y hacer ejercicios prácticos. Te dará todos los pensamientos pesimistas que te llevarán a pensar que no tiene sentido desarrollarse. "Eres lo que piensas"; si mantienes una actitud positiva frente a tu proceso de desarrollo, avanzarás. Sin embargo, si sigues diciéndote que no lo harás, realmente fracasarás en dar incluso un paso. Es extremadamente importante mantener una actitud positiva a lo largo de todo el proceso de ganar autodisciplina. El poder de elegir una actitud positiva está en tus manos así que ve a buscarlo.

Cada vez que te sientas triste, intenta pasar algo de tiempo con las personas que amas y pídeles respaldo y una dosis de positividad. Habla con ellos sobre lo que has logrado hasta ahora y sobre lo que estás planeando hacer próximamente. Esto te brindará una inyección de felicidad y entusiasmo. Mantén tu mente concentrada en los pensamientos positivos y siempre recuérdate tu objetivo principal.

Aburrimiento

Uno de los otros enemigos a los que te vas a enfrentar es el aburrimiento. El aburrimiento no ocurre cuando no tienes algo que hacer; por el contrario, ocurre cuando tienes muchas cosas que hacer pero se vuelven una rutina. Comienzas a perder tu motivación; no quieres hacer nada e incluso cuando lo intentas, nada parece estar bien. El sentimiento no te abandonará.

Para matar el aburrimiento, tienes que levantar tu alma al recordarle tu objetivo principal. Tienes que reconocer el aburrimiento y saber que pelear con él es una de las maneras de fortalecer tu autodisciplina. Varía las actividades que estás realizando y los modos en que las estás haciendo. Si has estado en una tarea por mucho tiempo, intenta tomar un descanso para hacer algo que amas y recobrar la energía. Interésate en lo que estás haciendo al imaginar cómo te sentirías al terminarlo. Concéntrate en lo que estás haciendo y hazlo con todo tu corazón para vencer el aburrimiento.

Precipitarse a los resultados

Tu mente siempre se está apresurando a los resultados. Demanda resultados inmediatos pero se olvida de que lo que llega fácil, se va fácil. Ganar autodisciplina lleva tiempo y tienes que ser paciente para llegar a tu meta final y objetivo final. Precipitarse a los resultados aumentará tu estrés y te provocará ansiedad. Te hará sentir nervioso todo le tiempo y pondrá tu mente en un estado de negatividad. Tener una mente tranquila es muy importante en el proceso de adquirir autodisciplina para aumentar tus ganancias.

La autodisciplina es una semilla que estás plantando y no crecerá de la noche a la mañana. Tienes que tener paciencia para cultivar sus frutos cuando estén maduros. ¿Recuerdas la historia de La libre y la tortuga? ¿Quién fue el ganador? No te apresures a los resultados pero trabaja duro en tu misión y alcanzarás victoriosamente tu meta.

Demorar tus tareas

Uno de los modos en que tu mente se resistirá al cambio es engañándote para posponer tus tareas por cualquier confusa razón. Te encontrarás diciendo, "Trabajaré en ello en un minuto". Pero este minuto se convertirá en una hora, una hora en un día y así sucesivamente. Te encontrarás haciendo nada más que esperar que llegue el momento indicado.

Conocer claramente tu propósito y cómo vas a lograrlo te ayudará a luchar contra este enemigo. Tienes que resistir las tentaciones y decidir que vas a terminar tus tareas tal como lo has escrito en tu lista de quehaceres y la cantidad de tiempo en que lo has determinado. Monitorear tu tiempo es muy útil cuando se trata de vencer a este enemigo y siempre prémiate cuando termines tus tareas a tiempo.

Ahora que conoces tus enemigos, protégete y estate preparado cuando aparezcan. Sé consciente de cómo vas a vencerlos y aumenta tu autodisciplina y autoconfianza. Siempre recuérdate de tu mayor objetivo y que eres lo suficientemente fuerte para lograrlo.

Capítulo 6: Consejos y trucos

Este capítulo te dará ejercicios simples para mantener tu autodisciplina a lo largo del día. Estos ejercicios pueden ayudar a aumentar tu resistencia a la ira cuando estás atrapado en el tráfico, por ejemplo, o ayudarte a concentrarte cuando tu mente comienza a deambular y se enreda en pensamientos innecesarios. Los ejercicios incrementarán tu poder de concentración y fortalecerán tu autodisciplina.

Ejercicio 1: Intercambia tus zapatos

Tal como se dijo antes, la autodisciplina se trata de domesticar tu mente para hacer algo que contradiga sus hábitos. En tu vida cotidiana, te pones los zapatos de manera involuntaria, usualmente poniéndote el derecho primero. Por una semana más o menos, intercambia el orden usual al poner primero el zapato izquierdo para despertar tu mente y romper el hábito.

Este ejercicio fortalecerá tu atención y te hará concentrarte en tus acciones tomadas de manera subconsciente. Aumentará el control que estás tomando sobre tu mente.

Ejercicio 2: Utiliza las escaleras

Cuando quiera que encuentres escaleras, elígelas. Resiste la tentación de usar el ascensor en vez de las escaleras. Sube o baja por las escaleras incluso si solo es por unos pocos pisos. Este ejercicio fortalecerá no solo tu capacidad de control sobre tu mente sino también tus músculos y es el modo ideal para ejercitar a mitad de tu día.

Ejercicio 3: Números de patentes

¿Atascado en el tráfico? ¿Te estás sintiendo impaciente? Mira los números de patente de los autos que te rodean y comienza a sumar los números de cada auto para hacer un número de un dígito. Por ejemplo, si el auto frente a tí tiene el número de patente 1568, has lo siguiente: 1+5=6, 6+6=12, 12+8= 20, 2+0=2.

Este ejercicio mantendrá tu mente entretenida hasta que los autos comiencen a moverse así como también te formará en paciencia.

Ejercicio 4: Toma una ducha

Cuando te sientas perezoso, deprimido o muy cansado para moverte decídete a tomar una ducha. No lo dudes. Métete inmediatamente a la ducha y cierra tus oídos a cualquier discusión en tu mente.

Este ejercicio aumentará tu fuerza de voluntad y le mostrará a tu mente que tienes el control. Te hará practicar cómo superar la pereza y la vacilación. Además, no olvides el poder del agua para refrescar tu cuerpo y tu mente.

Ejercicio 5: Calma tu ira

¿Estás atrapado en una reunión desalentadora? Usa tus dedos para calmarte. Usa cada dedo para indicar una bendición que tienes e tu vida. Existen muchas variaciones a este ejercicio, que van desde contar tus dedos hasta cierto número hasta contar las bendiciones que tienes en tu vida. Este ejercicio tiene el mismo objetivo que utilizar una pelota antiestrés. Bajará tu estrés y reducirá tu ira.

La autodisciplina es un proceso continuo de aprendizaje que no ocurrirá de la noche a la mañana. Lleva tiempo disciplinarte como lleva tiempo aprender un nuevo idioma, y como aprender un nuevo idioma, necesitas practicar para dominar la autodisciplina. Cuanto más practiques la autodisciplina, más la dominarás. Tienes que invertir todo tu tiempo y energía para ganarla. Utiliza tu máximo esfuerzo para mantener la paciencia y la persistencia hasta alcanzar tu objetivo.

Leer este libro no te llevará lejos a menos que hayas tomado lo que has leído y lo pongas en práctica. Desarrollar tu autodisciplina diariamente cambiará tu vida completamente. Serás capaz de manejar cada situación en esta vida con seguridad y serás capaz de cambiar cualquier hábito negativo y ganar hábitos positivos. Tendrás poderes más fuertes para soportar cualquier circunstancia. Además, tendrás control sobre tu vida, lo que te brindará felicidad y satisfacción. Serás más decidido, osado y ambicioso.

La autodisciplina te llevará a tener éxito en

el trabajo y en el hogar. Tus asuntos estarán más organizados y tendrás mucho tiempo para enfocarte en tí en vez de en lo que la vida te impone. Adelante. Toma el control de tu vida y sé feliz.

Parte 2

Introducción

¿Qué es la Autodisciplina?

La autodisciplina es lo que necesitas para cumplir tus sueños. La autodisciplina es vital vivir una vida exitosa. La autodisciplina es el arte de empujarte a ti mismo por encima y más allá de tus miedos y perezas. Es justo lo que necesitas para salir de la cama en cada mañana. Una buena autodisciplina puede ayudarte a alcanzar pequeñas metas, terminar un encargo o proyecto laboral. Una gran autodisciplina es lo que necesitas para poder lograr tus sueños y tu gran meta, como convertirte en el siguiente mejor peleador de artes marciales del mundo o completar un maratón. Es algo vital, que al perfeccionarse, puede mejorar tu vida más allá de la imaginación.

La Autodisciplina es importante y beneficiosa

Necesitas autodisciplina incluso para las cosas pequeñas en la vida. La autodisciplina es una de las más importantes y útiles habilidades que encontrarás necesarias en tu vida; de hecho, verás que, al terminar este libro que la autodisciplina es una habilidad que todos deberían poseer. Esta habilidad es esencial y de importancia para cada parte de tu vida. Mucha gente termina aprendiendo la importancia de la autodisciplina, pero no mucha gente trata de fortalecerla.

A pesar que mucha gente ve la autodisciplina como ser duro y estricto con sí mismo, no es realmente eso. La autodisciplina no es solo cuestión de vivir de forma limitada y restringida. La autodisciplina no significa que constantemente te niegues a ti mismo y te hagas feliz. En lugar de eso, tener autodisciplina significa tener autocontrol, lo que es una señal de fuerza interior y una señal de la habilidad de controlarte a ti mismo, tus acciones y tus reacciones. La autodisciplina es importante para alcanzar tus metas y para llegar a ser la mejor versión de ti mismo. Tener autodisciplina te da la habilidad de perseverar en tus decisiones y planes hasta haberlos logrado.

Si trabajas suficientemente duro, la autodisciplina se manifestará como fortaleza interior, que es lo que te permitirá sobrepasar adicciones, pereza, la procrastinación. La autodisciplina es igual a avanzar.

La autodisciplina te ayuda en:

- Evadir actuar impulsivamente.
- Evitarlos impulsos.
- Mantener las promesas que te haces a ti y a los demás.
- Vencer la procrastinación y la pereza.
- Seguir trabajando incluso cuando la motivación y el entusiasmo se han desvanecido.
- Hacer cosas que son buenas para ti

como ejercicio y levantarte temprano.
- Superar malos hábitos.
- Mantenerse calmado, relajado, y feliz.

Siempre puedes hacer un par de cosas para ayudar a fortalecer tu resolución y autodisciplina:

- Concentrarse en entender la importancia de la autodisciplina en tu vida.
- Ser consciente de tu comportamiento y acciones. Toma consciencia cuando tomas comportamientos y acciones que son indisciplinadas.
- Haz un esfuerzo concertado para comportarte acorde a las decisiones que hagas y los objetivos que te fijas.

Paso 1: Desarrollar un profundo sentido de autoconciencia para la autodisciplina

Desarrollar autoconciencia es saber exactamente lo que yace en tu interior. Se trata de tomar volverte sensible sobre ti mismo, tus disturbios, tus reacciones y tus capacidades. Tener conciencia de ti mismo y de todo lo anteriormente mencionado puede prevenir que tus instintos animales cieguen tu mente y te alejen tu propia disciplina. La autoconciencia puede detenerte en esos momentos en que sale lo peor de ti y darte un poco de razón para estar siempre en control. Una autoconciencia fuertemente desarrollada es importante cuandoconsideramos y nos concentramos en la autodisciplina. Desarrollar autoconciencia requiere que manejes tu atención y fuerza.Concéntrate en convertirte en alguien consciente de sus propios patrones y detonantes.

La Ley de losEstados de Conciencia, "Debes conocerte bien para que puedas crecer". Es importante que sepas quién eres en el interior para que hacer crecer tu propia autodisciplina. La autodisciplina se trata del control. Tener consciencia sobre ti mismo se trata de ser consciente de tus propios impulsos que debes controlar. Los animales se dejan guiar completamente por el instinto, pero como humanos, tenemos la capacidad de elegir hacerlo o no. Sin embargo, para ser capaz de controlar nuestros instintos y a nosotros mismos, debemos ser completamente conscientes de nuestros propios impulsos.

Ser consciente de ti mismo se trata de ver las consecuencias de tus instintos. Tú no eres tus impulsos. Aquí tienes unas cuantas cosas con las que puedes trabajar tu autoconciencia:
- Un Diario
- Lectura
- Tomar notas
- Descubrir cuáles son tus instintos
- Aprender cuáles son tu detonantes
- Hablar con tus familiares y amigos sobre tus metas
- Concéntrate en ti
- Piensa en las consecuencias antes de hacer algo
- Mantén la mente abierta
- Toma conciencia de tus fortalezas y debilidades

- Establece límites para ti mismo

Paso 2: Ser el verdadero tú

Te has tomado el tiempo para tener autoconciencia, pero ahora debes concentrarte en ser el verdadero tú. La autodisciplina no sirve para nada si no puedes ser el 'tú' que se supone que seas. Descubres cuáles son tus pasiones, fortalezas, valores y deseos. Cree en ti mismo como persona. No puedes desarrollar un fuerte sentido de autodisciplina si no tienes en mente a ti mismo. Tus metas y deseos para tu autodisciplina deben alinearse con quien eres o tus valores e instintos te alejarán de la posibilidad de cumplir tus metas como una persona disciplinada.

Una vez que empieces a buscarte, entenderás que obtener un sentido de quién eres, es el mejor conocimiento que podrás adquirir. Tu habilidad de complacer tu pasión interna única, determinará tu habilidad de darte cuenta de tu propio potencial. Cuando descubres tu potencial, puedes determinar tu calidad y propósito en la vida. Determinar tu calidad y propósito en ida es algo sencillo de hacer. Puedes construir autodisciplina fácilmente ahí. Aquí tienes algunas preguntas que puedes hacerte para determinar tu verdadero ser y deseos. Es de esta forma y con estas preguntas puedes comenzar a construir tu propia autodisciplina.

1. ¿Qué es lo que amo de forma absoluta?

2. ¿Qué es lo que considero el logro más grande de mi vida?

3. ¿Cuál sería mi propósito si supiera que nadie me juzgaría?

4. Si no existieran límites a lo que pudiera hacer o lo que pudiera querer en mi vida, ¿qué es lo que eso sería?

5. Si tuviera todo el dinero del mundo, ¿qué es lo que haría?

6. ¿A quién admiro más? ¿Por qué admiro

tanto a esta persona?

Tómate tu tiempo para responder a estas preguntas mientras trabajas en desarrollar tu propia autodisciplina. Cuando decides implementar tus pasiones, fortalezas, valores, deseos y motivaciones en los patrones de tus días, tu vida se hará más agradable y la búsqueda de autodisciplina se volverá más sencilla. La pregunta de cómo convertirte en tu verdadero ser y vivir más auténticamente es algo que le concierne a cada aspecto de nuestras vidas.

¿Qué tipo de persona eres?

Paso 3: Estableciendo metas para maximizar tus habilidades

Tener metas para cosas que queremos hacer y trabajarlas es una parte fundamental del ser humano. Tener fuertes metas es vital para tener una buena autodisciplina. El camino hacia tus metas puede que no siempre sea fácil. Tener metas, ya sean grandes o pequeñas, es parte de lo que hace la vida mejor. Sin tus metas, que dan un sentido de propósito, es imposible tener una buena autodisciplina.

Hace más de 2000 años, Aristóteles dijo "Con un buen comienzo, la mitad está hecha". Aristóteles llegó a algo aquí. Algo que te ayudará con todas tus metas de autodisciplina. Si tus metas, no puedes tener motivación, poder y autodisciplina. Prestar atención en cómo fijas tus metas hará más probable que las alcances. Lograr metas te hace sentir mejor con respecto a ti mismo y hace que quieras seguir y perseguir la siguiente.

Decide

Piensa en algo que quieras hacer o trabaja en dirección a ello: decide respeto a algo sobre ti mismo. No importa que, siempre y cuando sea algo que quieras hacer. Debe ser algo por un bien mayor y por ti mismo, no por algo o por alguien más. Puede ser algo grande o pequeño. Puedes exigirte a ti mismo un poco con esta meta. No temas.

Escríbelo

Cuidadosamente. Escribir tus metas incrementa tus posibilidades de completarlas. Escribe como sabrás que has llegado a tu objetivo y cuándo te gustaría haberlo logrado. Pregúntate: ¿Cómo lucirá y cómo crees que te sentirás cuando lo hayas hecho? ¿Cómo eso conecta con la persona o lo que valoras en tu vida?

Describe tu meta en términos específicos y la escala de tiempo. Sé específico y establece pequeño incrementos en la meta. Escribe tus metas en términos de lo que quieres, no de lo que no quieres. Establece pequeños objetivos alcanzables.

Díselo a alguien

Decirle a alguien que conoces sobre tus metas también parece incrementar las probabilidades de apegarte a estas.

Ve más allá de tu meta

Traspasar tu meta es algo de vital importancia e incluso más necesario para grandes metas. Piensa que las metas pequeñas son los pasos en el camino a lograr tu gran meta. A veces nuestras grandes metas son un poco vagas. No elijas simplemente "Quiero ser más saludable". En lugar de eso, rómpela, llevándola a una pequeña y específica meta de cantidad de peso a perder, comida o ejercicio. Al llevarla más lejos te ayudas a ser más específico. Escribe tus pequeños objetivos y establece fechas para lograrlos. Tener múltiples objetivos pequeños hace que cada uno de ellos sea más más fácil y dan la sensación de éxito durante el camino. El éxito que la autodisciplina se sienta más real. El éxito hace que la autodisciplina sea más fácil.

Planea tu primer paso

Un antiguo proverbio chino dice que, el viaje de 1000 kilómetros empieza con un paso. La mejor manera de comenzar es dando el primer paso. Si piensas con respecto a las metas en términos de pasos, puede que lo veas más fácil. Incluso si no sabes dónde empezar no hay excusa. Tu primer paso puede ser investigar. Sal a indagar o pregúntale a alguien cuál debería o podría ser tu primer paso. Ve a la biblioteca. Empieza. Si tienes autodisciplina, descubrirás que no hay un paso que no puedes dar. Tener este conocimiento te hará que tu vida entera y tu motivación sean aún mejores.

Sigue adelante

Trabajar rumbo a tu meta puede será veces difícil y frustrante. Sigue adelante y persevera. Escribir tu meta no es todo lo que se necesita para desarrollar autodisciplina. Considera varias maneras de alcanzar tus metas. Si estás realmente atascado en algo trata de romperlo e ir más allá o toma un respiro e inténtalo luego. Cuando termines, piensa sobre lo que aprendiste y cómo puedes utilizarlo en la siguiente meta que tienes. Si mantienes este proceso, te irá mucho mejor.

Establece metas S.M.A.R.T.

Para que una meta sea poderosa, solo necesita ser diseñada de forma inteligente. Hay muchas variaciones de lo que podríamos considerar inteligente, pero la que tomaremos será su versión en inglés:

Specific (específica).
Measurable (medible).
Attainable (alcanzable).
Relevant (relevante).
Time bound (con tiempo limitado).
Fija una meta específica.

Tu trabajo debe estar claro y bien definido. Metas vagas son de poca ayuda porque no proveen buenas direcciones. Recuerda, necesitas metas que te muestren el camino. Haz que sean tan fácil como puedas, para que puedas llegar a donde quieres definiendo precisamente donde quieres terminar al final.

Consejos
- Formula tus metas positivamente.
- Mantén tus metas en la parte superior de tu lista de pendientes.
- Coloca tus metas en lugares visibles donde siempre puedas verlas.
- Haz y mantén un plan de acción.
- Mantén pasos individuales y entrelázalos con el plan según necesites.
- Haz la fijación de metas de forma activa. No es cuestión de hacerlo solo una vez.

Paso 4: Ser honesto contigo mismo

Ser honesto contigo mismo es uno de los más importantes aspectos de tener autodisciplina. Es tu responsabilidad saber quién eres, de lo que eres capaz y lo que se supone que debes hacer. Quizás te engañas a ti mismo al decirte que tu carrera o relaciones son grandiosas, cuando realmente no lo son. Es posible que te sientas por vencido en tus metas, cuando realmente estás haciendo un buen trabajo. De cualquier manera, ser honesto contigo mismo es una excelente oportunidad de construir habilidades, levantarte por encima de los retos, ganar un poco de autoaceptación y mejorar tu autenticidad. Necesitas ser honesto contigo a menos que quieras perder tu habilidad en la autodisciplina.

La pregunta de cómo mejorar tu propia honestidad es un poco difícil. Este puede ser uno de los más dificultosos obstáculos que deberás atravesar para lograr convertirte en alguien disciplinado. Aquí tienes unos pasos que puedes tomar para mejorar tu honestidad contigo mismo, y por ende, tu autodisciplina. Es de esta forma que puedes evitar mentirte a ti mismo. No tienes porqué convencerte a ti mismo del hecho de poder hacer algo luego. En lugar de eso, debes encaminarte para aprender que debes hacer o terminar algo. Sé honesto contigo mismo a cerca de tus deseos y capacidades. Sigue estos pasos tanto como te sea necesario:

Paso 1: Autoevaluación
Identifica un área para autoevaluación. Esta puede ser cualquier pequeñez, tal como tus hábitos de limpieza como puede ser tan grande como tu pareja.

Sé valiente. Selecciona un lugar para empezar que te dé algo de confianza, pero que sepas que puedes hacer.

Reserva un tiempo para ti mismo. Tómate el tiempo para ser la persona que puedes ser. Medita. Piensa tus cuestiones, aunque sean solo tus sencilleces.

Escríbelo todo. Responde preguntas sobre ti mismo. Escribe tus fortalezas y debilidades. Piensa respecto a las áreas que quebrantan tu éxito. ¿Qué es lo que te detiene? ¿Qué es lo que estás haciendo por ti mismo? ¿Qué es lo que te mantiene allí y sugiere que te detengas?

Paso 2: Analiza y actúa en función de tu autoevaluación
- Encuentra donde necesitas mejorar y donde te sobresales.
- No te rindas. Lucha contra las cosas que te detienen.
- Pregúntale a tus amigos cómo te ven. Pídele a tus amigos que te ayuden.

Paso 3: Calcula tu progreso

Paso 4: celebra tus recompensas

Consejos para ser honesto contigo mismo:
- Recuerda, no te hace daño escribir algo. Puedes decidir no compartirlo, destruirlo, modificarlo o simplemente mantenerlo en secreto.
- Si no sabes dónde comenzar, puedes empezar por tomar una prueba de personalidad. No puedes descubrirte por su propia cuenta, pero puedes darte algunos consejos sobre tu naturaleza para ayudarte a comenzar. Puede que una

prueba pueda ayudarte a comenzar a entender y a ser honesto contigo mismo.

- Si no sabes qué es lo que quieres, busca ayuda exterior. Toma una prueba, habla con un consejero, pregúntale a tus amigos.

- Siempre puedes buscar ayuda profesional sin importar que tanto progreso estés haciendo. Ser honesto contigo mismo no significa que tienes que trabajar en solitario.

Paso 5: Encuentra tu motivación

La autodisciplina y dedicación necesitan de motivación. De hecho, en lo que se refiere a la autodisciplina, tiene una relación muy positiva con la motivación. Mientras más descubras y te concentres en la motivación, recibes cada vez más rasgos de autodisciplina. Mientras más te concentres y trabajes en la autodisciplina, recibes más motivacióny te encaminas a seguir trabajando.

La motivación puede ser difícil de encontrar a veces. Puede esconderse lejos de nosotros y sentirse completamente inútil. Incluso las personas más motivadas y autodisciplinadas pueden perder la motivación. De hecho, a veces nos metemos en tal depresión que incluso pensar en realizar cambios positivos es demasiado complicado.

La motivación no es desesperada. Con algunos pequeños pasos pueden iniciarte en el camino a los cambios positivos. Puede lucir imposible de vez en cuando. Recuerda que no estás solo. Aquí tienes unas herramientas útiles para concentrarte en la motivación. Esto es lo que puedes hacer para continuar y ayudarte a construir tu motivación:

1. **Una meta.** Siempre puedes lograr otros objetivos cuando has logrado tu únicamente meta. Elige uno y empieza desde allí. Si puedes hacer una cosa, puedes hacer la siguiente y la siguiente.

2. **Encuentra inspiración.** Mira por Internet, tus amigos, tu familia, animales y libros. Encuentra algo que te inspire. Encuentra algo que te ayude a dar el paso.

3. **Emociónate.**

4. **Construye aceptación.** Esto puede sonar difícil y muchos se saltarán esto. Pero realmente funciona. Si encuentras inspiración y quieres lograr una meta, no empieces de inmediato. Pon una fecha en el futuro — una semana o dos, o incluso un mes — y haz de esa tu "Fecha de Inicio". Márcala en el calendario. Esta es una gran forma de emocionarte con el futuro. Emociónate respecto a la fecha. Hazla la más importante fecha de tu vida hasta el momento. Empieza a escribir tu plan. Al demorar tu inicio, estás construyendo aceptación, y mejorando tu concentración y energía por tu meta.

5. **Enmarca tu meta.** Imprímela en letras grandes o escríbela donde puedas

verla una y otra vez. Déjala allí para recordarte. Mantente positivo y con buena motivación.

6. **Comprometerse públicamente.** Dile a tus amigos y a tu familia lo que estás haciendo. Deja que otros sepan lo que estás haciendo. Estarás más motivado si recibes algo de apoyo.

7. **Obtén apoyo.** Es duro lograr algo solo. Encuentra apoyo en tu red, bien sea en el mundo o virtual, o ambos. Esto te dará más motivación y ayuda. Apoyo, amigos y familia son grandes motivadores. Ellos estarán orgullosos de ti. Esta sensación de orgullo te dará más motivación y ayuda. Te da incluso más por lo que seguir adelante al haber terminado.

8. **Apégate a ello.** Lo que sea que hagas, no te rindas. Incluso si no te sientes motivado ese día, o toda la semana, no te rindas. De nuevo, esa motivación volverá. Que sepas que volverá y con más fuerza de la que imaginas.

9. **Haz crecer el éxito.**

10. **Lee sobre ello diariamente.** Usa blogs. Averigua en Internet y libros en busca de ayuda. Lee sobre las ventajas que usan otras personas y como aprovechan sus habilidades. Lee sobre la autodisciplina de otros. Lee sobre cómo lo están haciendo otras personas. Lee sobre lo que los otros leen. Lee sobre cuán grande es cuando otras personas triunfan de la misma forma que tu anhelas triunfar luego.

11. **Pide ayuda cuando tu motivación mengua.** ¿Tienes problemas? Pide ayuda. Llama a tus amigos y familia. Echa un vistazo online

12. **Piensa sobre los beneficios.** Piensa al respecto y concéntrate en qué cosas buenas pasarán una vez que alcances tus metas. Esto es genial para la motivación.

13. **Aplasta los pensamientos**

negativos; reemplázalos con positivos. La positividad genera positividad. No permitas que los pensamientos negativos estén presentes en tu ser. Hazlos trabajar a tu favor. Ser positivo puede hacer la diferencia por ti y por los de tu alrededor.

Paso 6: Desarrolla tu fuerza de voluntad

La fuerza de voluntad es un músculo importante al que debes de mantener bien ejercitado. ¿Es importante la fuerza de voluntad para la autodisciplina? La fuerza de voluntad y la autodisciplina son importantes y vitales para llevar una vida feliz y saludable. La fuerza de voluntad es como un músculo: Debe de ejercitarse para mantenerse, pero puede ser agotada, forzada y lastimada. Tómate el tiempo para fortalecer y trabajar tu fuerza de voluntad y verás un resultado positivo en tu autodisciplina. La fuerza de voluntad es necesaria para la autodisciplina pero, ¿es necesaria la autodisciplina para la fuerza de voluntad?

Aquí tienes algunas cosas que puedes hacer para ayudar a fortalecer tu fuerza de voluntad y, a cambio, trabajar en tu autodisciplina:

1) No agotes tu fuerza de voluntad
Muchas personas levantan pesas para crear músculo, pero se aseguran de no llevarlos al límite. Debes hacer lo mismo con tu fuerza de voluntad. Ejercita tu autocontrol y fuerza de voluntad regularmente. Esto la fortalece y, a su vez, fortalecerás tu autodisciplina. De cualquier manera, asegúrate de no privarte a ti mismo o de lastimar tu propia fuerza de voluntad. Esto solo empeorará las cosas. No te consumas a ti mismo. Si empiezas a consumirte, solo harás que tu propia autoconfianza mengue por complete.

2) Usa tu imaginación
La imaginación es una poderosa técnica para aumentar la fuerza de voluntad. Tu cuerpo seguramente responderá a situaciones imaginarias de la misma forma

a las que experimentas. Si te imaginas parado en la nieve mientras tratas de refrescarte al hacer algo caluroso, serás capaz de seguir trabajando duro sin importar el calor. Usa esto como ventaja al tratar crear tu fuerza de voluntad y autoconfianza. Piensa en algo más.

3) Crea buenos hábitos para ti
Si sigues trabajando duro y creando tu fuerza de voluntad como un músculo, ese buen hábito terminará dándote resultados al final. Cuando estés estresado, estos hábitos te serán de mucha ayuda. La práctica hace al maestro, incluso en la autodisciplina y fuerza de voluntad.

4) Se tú mismo

5) Aléjate de las tentaciones
No tiene sentido el tentarte a ti mismo cuando no lo necesitas. Si estás tratando de evitar los dulces, no vayas a la dulcería.

La fuerza de voluntad puede ser una de tus grandes fortalezas. Puede darte la habilidad de seguir cuando todo se hace imposible. La fuerza de voluntad separa tus habilidades de los instintos animales. No es simplemente respecto al vivir, sino además de todo lo que eres capaz. Se trata de ir hasta el límite y lograr tus metas. La fuerza de voluntad es también muy y poderosa. Recuerda mantener tu fuerza de voluntad muy arriba para tus habilidades. La fuerza de voluntad es crucial para la autodisciplina.

Paso 7: Rompe tus antiguos hábitos

Los malos hábitos apestan. Un mal hábitos puede arruinar todas las metas que te fijaste y toda tu estrategia para mejorar. Para mejorar consecuentemente tu bienestar personal y autodisciplina, con el fin de tener una mejor vida con un mayor éxito, tú primero debes acabar con tus viejos, malos hábitos. Debes romper con los problemas que están asociados con tu falta de autocontrol. Romper tu desestresante regular y seleccionar nuevos. Es de esta forma que encontrarás que conseguirás éxito. Acabar con un mal hábito puede tomar al menos 21 días. Nuestros cuerpos fueron hechos para la repetición y consistencia. No sigas viviendo una vida mundana. Utiliza estos honestos consejos para concentrarte en sacarte de ti esos viejos y malos hábitos e introducirte a un mejor sistema de hábitos y autodisciplina.

- Múltate por cada ofensa. Serás menos propicio a seguir con ese mal hábito si tienes que pagar para hacerlo. Toma un tarro y pon dinero en él cuando no hayas dado lo mejor de ti. Adversamente, recompénsate cuando seas capaz de control esos deseos de continuar con ese hábito.

- Concéntrate en entender que detona tus malos hábitos. Entender como tomamos decisiones es clave para conquistar toda clase de malos hábitos. Si te concentras en entender por qué tus hábitos son malos, serás más capaz de descubrir cómo vencerlos y convertirlos en buenos. La autodisciplina requiere que entiendas tus malos hábitos y tus malos deseos con el fin de fortalecerte contra ellos. Usualmente, repetimos malos hábitos sin siquiera notar que los hacemos.

- Ve despacio y haz cambios pequeños. Tómate tu tiempo. Tal como con la fuerza de voluntad, no querrás exigirte de más. Tómate el tiempo para hacer los cambios adecuados de la debida manera para ti.

- Coloca recordatorios en tu calendario. Recuérdate que debes ser fuerte. Sé bueno contigo.
- Cambia de entorno. A veces para poder cambiar tus hábitos necesitas cambiar tu entorno. Si estás luchando con tu trabajo, trata trabajando en otro lugar. Tu autodisciplina te lo agradecerá.
- Trata de encontrar nuevos hábitos. Encuentra mejores maneras de emplear tu tiempo.

Paso 8: Cultiva nuevos hábitos

No puedes esperar que nada más que tus instintos te respalden cuando te estreses o cuando enfrentes problemas. Acabar con los viejos y malos hábitos es el primer paso a cultivar esos nuevos hábitos que te ayudarán con tu autodisciplina. Construir un buen hábito toma al menos 21 de duro trabajo. Todos tenemos áreas en nuestras vidas donde queremos mejorar. Así que empieza por establecer metas y convierte esas metas en tu nueva rutina, que luego se convertirán en hábitos. Puede que falles, pero no dejes que eso te desanime.

Con frecuencia, puedes empezar con buen pie tratando de hacer un nuevo hábito, pero no siempre te apegas. Puedes fallar y desfallecer después de unos pocos días. Generalmente, se dice que toma 21 días para apegarse a un hábito, pero puede tomar desde 18 hasta 254 días. Esto puede ser algo muy desesperanzador. Es importante que perseveres mientras trabajas en tus nuevos hábitos.

Entiende que los hábitos pueden lucir abrumadores. Haz tu mejor esfuerzo para concentrarte no en el enorme aspecto del hábito, sino en las pequeñas victorias y en el trabajo diario del hábito. Concéntrate en tu rutina cada día e irá mejorando.

Cuando observas un hábito, hay 3 cosas que hacen que te apegues a él:
  Una señal
  Una rutina
  Una recompensa

La señal te recuerda el hacer ese hábito. La rutina es lo que haces automáticamente. La recompensa es el pago que recibes por hacer la rutina. Esto irá mejorando cada vez más con el tiempo. Entender estas 3 claves para un hábito hace más fácil el apegarte a ellos.

Cuando creas buenos hábitos, tienes que hacer lo mismo una y otra vez. Esto puede sonarte aburrido, pero tienes que apegarte a la misma rutina si quieres convertir la rutina en hábito. Si cambias las cosas, nunca asociarás la recompensa con la rutina y por lo tanto, la rutina nunca se convertirá en hábito. Haz de esto una importante experiencia a medida que tomas estos retos.

Construir estos nuevos hábitos puede sonar aterrador y difícil. Reconoce que a veces los fallos suceden. A veces perderás. Eso está bien. Solo asegúrate de recuperarte y ponerte a andar. Mientras más veces trates, mejor serás para ello. Date motivación y esfuérzate. Todo en este libro se hace por sí solo. Lo harás mejor si siempre recuerdas eso.

Un buen hábito ayudará cuando tu autodisciplina y planeación fallen. A veces las cosas son más difíciles de lo que anticipamos. A veces hay más factores estresantes que hacen que parezca más difícil continuar. De cualquiera manera, en esos momentos, nuestros cuerpos seguirán recordando nuestros hábitos. Si sigues recordando los hábitos en los que has trabajado fuerte para desarrollar, seguirás siendo capaz de practicar una fuerza autodisciplina.

Paso 9: Registra tu progreso

Tomar notas es muy importante si estás tratando de desarrollar tu propia autodisciplina. Necesitas seguir la pista de tu progreso, cómo te hace sentir, en qué fallaste y en qué triunfaste. Mantente fuerte con tus metas y todo lo demás. La mejor forma de hacer esto es haciendo tu propio diario de registro. La autodisciplina no sirve de nada si no te conoces bien. Si registras tu progreso y prestas atención a lo que haces, te darás cuenta que la autodisciplina es fácil de conseguir. Puedes registrar tu progreso de un sinfín de formar. Utiliza tablas y estadísticas para mostrarte qué tipo de progreso estás haciendo en una meta específica. Pregúntales a tus amigos y familia para que te respalden.

Puedes mantener registro de tus hábitos y múltiples logros diarios al utilizar un sistema de puntos o marcas en tu calendario. Puedes tratar de tener dos tarros con piedras en una. A medida que completes tus metas cada día puedes mover las piedras al tarro vacío. Es de esta forma que puedes ver lentamente los cambios del progreso y sus movimientos. Verás que estos cambios pasan lentamente, pero encada día harás una diferencia. Cada día el trabajo cambiará lo que hay en los tarros.

Si eliges el diario y escribir tus progresos, que probablemente es lo más recomendable, te recomendamos las preguntas de este diario de registros. Úsalas como una excelente manera de tener una opinión de ti mismo y descubrir qué tipo de trabajo necesitas para aumentar tu autodisciplina.

- ¿Qué piensas que es la autodisciplina? ¿Cómo te sientes respecto a la autodisciplina?

- ¿Qué significa para ti practicar la autodisciplina?

- ¿Cómo esperas que la autodisciplina te ayude?

- ¿Tienes autoconciencia?
- ¿Cuáles son tus instintos?
- ¿Cuáles son tus detonantes?
- ¿Cuáles son tus fortalezas?
- ¿Cuáles son tus debilidades?

- ¿Sientes que conoces a tu verdadero ser?
- ¿Le has preguntado a tus amigos y familia?
- Toma un test de personalidad: ¿cómo te sientes con el resultado?

- ¿Cuáles son tus metas?

- ¿Eres honesto contigo mismo?
- ¿Qué es aquello que más necesitas?

¿En qué áreas eres más deshonesto contigo?
o ¿En qué áreas eres más honesto?

o ¿Dónde encuentras tu motivación?

o ¿Cuánta fuerza de voluntad tienes?
o ¿Cómo haces crecer tu fuerza de voluntad?

o ¿Qué viejos hábitos necesitas romper?

o ¿Qué hábitos nuevos necesitas crear?
o ¿Cómo piensas crearlos?

Aquí tienes unas cuantas preguntas que puedes responder diariamente para ayudarte a aumentar tu autodisciplina:
- ¿Qué quieres lograr hoy?
- ¿Te sientes autodisciplinado todo el día? ¿O solo parte del día?
- ¿Cómo te alentaste para el día de hoy? ¿Te funcionó?

Mantener registro de tu progreso te dice en qué punto estás. Te mantiene en la vía y estimula tu autodisciplina. Te ayuda a seguir adelante. Es importante si quieres que tu autodisciplina se mantenga fuerte y que tus habilidades mejoren.

Reto de 10 días

Recompensas por ser autodisciplinado

La autodisciplina es una forma de vida. Cuando eres autodisciplinado, vives sistemáticamente y con una fuerza que mueve montañas. La autodisciplina no se trata solo del dinero o habilidades. La autodisciplina es acerca de encontrar y capturar una mejor vida. Es acerca de terminar todo lo que empezaste. La autodisciplina es un hábito de formación y trabajo en buenos hábitos. Muchas personas exitosas aseguran que son famosas o exitosas porque tienen una fuerte autodisciplina.

La autodisciplina es sobre estar concentrando, manteniéndose saludable y además evitando problemas. Una fuerte técnica de autodisciplina es una gran destreza social.

Aquí tienes algunas ventajas que experimentarás al tener un fuerte sentido de autodisciplina.

Concentración: Ser disciplinado te ayuda a estar concentrado en el trabajo, metas y objetivos. Si tienes metas fuertes y centradas, mantendrás esa concentración en medio de todo.

Respeto: El hombre y mujer más respetados de todos los tiempos tenían una fuerte autodisciplina. La autodisciplina dirige el respecto de otros. Si luchas por ganar el respeto de otros, no te lo has ganado con tu autodisciplina y fuerte voluntad.

Mantente activo y saludable: Si tu vida es autodisciplinada tendrá hábitos regulares como comer la comida adecuada, mantener limpio y ocuparse de todo, levantarse y dormirse a las horas debidas.

Cuando ejercitas y practicas otros grandes hábitos te habrás cuidado y te sentirás más feliz. La autodisciplina te da la estructura necesaria para hacer una diferencia fantástica con todo lo que haces, especialmente tus cuidados. Las personas que estas bien disciplinadas siempre son más activas que el resto. Ellos tienden a estar activos todo el día. Estar activo y saludable tiene sus propios beneficios de incremento de felicidad y placer. Con esto, vivirás más y harás más.

Autocontrol: Si tienes una autodisciplina fuerte, tendrás un mejor control so ti mismo. Serás capaz de controlar potenciales impulsos instintivos cuando la gente llega a ti como no te gusta. Serás capaz de evitar comer las cosas que sabes que no deberías. La disciplina viene con autocontrol. Esto mejorará tu relación con otras personas y hará que todo en tu vida sea ligeramente mejor y más pacífico. Las personas que son más exitosas en la vida también tienen las mejores cantidades de autodisciplina y autocontrol.

Más aprendizaje: Una fuerte autodisciplina puedes llevar a un mayor y mejor aprendizaje, una educación más enérgica. Ésas personas que pueden decidir el permitirse a sí mismo el constantemente aprender y ser disciplinados serán sorprendido gratamente por sus habilidades. La autodisciplina en el aula puede ayudar al alumno a escuchar a los profesores y a otras cosas que se cubren en una clase. Las tareas y aprendizaje son mejores y más eficientes.

Productividad y felicidad: Ser disciplinado ayuda a terminar las cosas rápidamente y en la cantidad debida de tiempo. Es muy importante que aquellos que se centran en la disciplina son además felices y productivos: facilita la disciplina. Ser feliz y productivo te dice que lo que estás haciendo (practicando la autodisciplina) es lo apropiado para ti. Este tipo de productividad y felicidad pueden llevar a la paz mental. Mantener en alto la autodisciplina puede cambiar la productividad, felicidad y la salud de las relaciones personal también. Si quieres ver tus amistades mejorar, tus relaciones funcionar más sobresalientemente y a tus amigos y familia con más sonrisas en sus caras, concéntrate en tu autodisciplina como herramienta.

Menos estrés: La autodisciplina viene con menos estrés y tensión. Si no sabes lo que deberías esperar cada día y no tienes un plan disciplinario para lidiar contigo mismo, vas a desarrollar miedo y ansiedad. Un fuerte sentido de la autodisciplina te dará más poder sobre tus habilidades para el estrés. La autodisciplina te ayuda a desarrollar autoestima y fortaleza.

Plan de inicio de diez días para la autodisciplina

Si sigues pasando un mal rato al tratar de llevar tu vida y ser disciplinado, esta sección puede ser para ti. Este plan de 10 días te dará una plataforma perfecta para comenzar con tu vida mejorada.

Después de seguir este plan, empezarás a cosechar las recompensas de tu trabajo bien hecho. Tendrás menos estrés y ganarás más motivación. La autodisciplina es muy similar a un músculo. Debes trabajar consistentemente. Cuando hayas acabado con este plan de diez días, no creas que has llegado al fin del camino. Debes trabajar continuamente en tu autodisciplina. Crea tus propios planes y metas a medida que el tiempo pasa. No tengas miedo de ir con tus amigos y familia para pedir apoyo y ayuda. Estarás mejor una vez que empieces a trabajar en ti mismo y tu autodisciplina.

Día 1: Evalúate. Tus fortalezas y debilidades

Descubre qué puedes y que no puedes hacer. Sé tan autoconsciente como pueda ser posible. Escríbelo y evalúate. ¿Qué significa? ¿Qué puedes hacer al respecto? ¿Cómo te sientes con ello?

Día 2: Práctica la lista de pendientes

Establece pequeñas metas en forma de

lista de pendientes para lograrlas. Asegúrate de estar orgulloso de ti mismo. Estás practicando la autodisciplina.

Día 3: Motívate

Haz una lista con todas las razones por las que quieres cambiar. Piensa sobre las personas que te alientan. Encuentra tu motivación y la autodisciplina se pondrá en marcha.

Día 4: Haz un plan

Haz un plan de lo que quieres hacer con tu vida. Planea lo que quieres realizar. Escríbelas. Sé realístico. Establece metas.

Día 5: Deshazte de los malos hábitos

Enlista los malos hábitos de los que quieres librarte y empieza a trabajar en ello. Los malos hábitos pueden arruinar tu autodisciplina. Empieza trabajando en ellos. Esto te tomará tiempo, pero te hará empezar a sentir mejor.

Día 6: Hazlo público

Diles a tus amigos y familia sobre tus metas. Ellos serán capaces de animarte. Cuando se los dices a otras personas, notarás que tienes más motivación y así es más probable que sigas andando.

Día 7: Nuevos hábitos

Decide sobre nuevos hábitos y rutinas que quieres inculcar en ti mismo. Asegúrate de desarrollar hábitos que se asemejen a tus metas.

Día 8: Empoderarte a través del cambio

Cada vez que das un paso positivo hacia la construcción de la autodisciplina, sin importar cuan pequeño, reconoce que te está empoderando. Admite y reconoce que se siente bien hacer un cambio positivo.

Día 9: Evalúa tu progreso

Lo has hecho bien hasta ahora. Mira como lo estás haciendo. Evalúa cómo te hace sentir. Esta es una parte muy importante del proceso. Asegúrate de hacer los cambios que corresponde.

Día 10: Recompénsate

¡Felicitaciones! ¡Has hecho un gran trabajo! Recompénsate por ser excelente con la autodisciplina. ¡Sigue así!

Conclusión: Disfruta tu nueva autodisciplina

¡Tener una buena autodisciplina es fabuloso! Espero que uses esta guía bien y tomes ventaja de lo que eres capaz como humano. Recuerda, tú eres más que instintos y reacciones. Tienes el poder de ser totalmente autoconsciente. Tú, como humano autodisciplinado, puedes ir más allá de tus instintos e impresionantemente puedes tomar ventaja de tu humanidad. Toma ventaja de tus fortalezas. Con autodisciplina puedes minimizar tus debilidades y convertirlas en incluso más fortalezas. Es hora de trabajar en descubrir tu verdadero ser. Decide quien quieres ser. Tómate el tiempo de organizar metas inteligentes que puedes completar. Concéntrate y dedícate. Recompénsate por hacerlo bien. La autodisciplina puede mostrar rápidamente el camino para encontrar tu motivación y tu voz. ¡Felicitaciones por empezar este nuevo viaje! Recuerda que la autodisciplina es una gran forma de hacer todo lo que quieras.

www.ingramcontent.com/pod-product-compliance
Lightning Source LLC
LaVergne TN
LVHW011951070526
838202LV00054B/4895